Recettes FRANÇAISES

Recettes FRANÇAISES

Elisabeth Scotto

CIL/L'ESSENTIEL DU SAVOIR

SOMMAIRE

Introduction

Où commence la cuisine, où finit-elle ? Les débuts de l'art culinaire se perdent dans la nuit des temps. Mais d'où vient notre cuisine nationale ? Jusqu'où peut-on faire remonter ses origines ? Voilà qui est plus simple.

Grecs et Romains

Tous les grands écrivains de l'Antiquité dont les écrits nous sont parvenus ont fait allusion, à un moment ou à un autre, à la cuisine de leur temps. Néanmoins, le premier véritable livre de cuisine n'a pas été rédigé avant le début de notre ère : on l'attribue à Apicius, Romain qui aurait vécu entre le Ier et le IIIe siècle. C'est à Venise — où ce livre a été édité en 1498 — qu'on en retrouve la trace. Il est alors indifféremment intitulé « Ars Magirica » (l'art du cuisinier), « Apicius Culinarius » ou « De Re Coquinaria » (De la cuisine). Il y a en fait plusieurs Apicius dans l'histoire romaine dont le nom est associé à la cuisine, mais le plus célèbre reste Gavius Apicius — dont le geste qui le fit entrer dans l'histoire fut de dépenser sa fortune pour organiser un banquet somptueux, puis de se suicider... pour ne pas mourir de faim !

L'ouvrage d'Apicius est riche d'enseignements sur les habitudes culinaires des Romains : abondance d'épices, d'herbes, de produits de la mer, de charcuteries, de volailles, de gibier à plume (élevé en cage : grives, perdrix, mais aussi autruches, flamants, perroquets...), de légumes... Les plats sont le plus souvent salés-sucrés, les farces et hachis nombreux. La cuisine est lourde, moins par la complexité des cuissons que par les mélanges. On y connaît les plats mijotés, les cuissons au four et au gril. Le blé donne du pain et des gâteaux que l'on arrose de miel, la vigne produit des vins qui doivent vieillir de 5 à 7 ans avant d'être bus.

Un certain retour en arrière

Ce qui différencie le début du Moyen Âge de l'Antiquité, c'est finalement une certaine régression de la variété des modes de cuisson : alors que les Anciens connaissaient mijotage et cuisson au four, le Moyen Âge n'utilise plus que la cuisson à la broche devant d'immenses feux de cheminée. Cuissons au four, plats en sauce et ragoûts ne réapparaîtront qu'à la fin du XIIIe siècle. C'est l'époque des amoncellements de victuailles : tables gigantesques garnies de veaux, sangliers et cerfs rôtis entiers, légumes bouillis, sauces sucrées... Les fruits sont alors consommés au début du repas. En 1490 paraît « Le Viandier », écrit par Guillaume Tirel (dit Taillevent), véritable synthèse de la cuisine moyenâgeuse — pas seulement de la préparation des viandes, comme pourrait le laisser croire aujourd'hui le titre — et encyclopédie de la cuisine contemporaine aussi bien que traditionnelle (que Taillevent a le grand mérite de simplifier).

Le retour des Romains

En 1533, le futur roi Henri II épouse Catherine de Médicis. Cette dernière arrive en France avec « ses » cuisiniers, d'origine florentine, qui importent des recettes de leur pays. La plupart des historiens de la cuisine situent à cette époque le grand bouleversement culinaire français, mais d'autres n'y voient que la continuation de la cuisine antique. Il est vrai que l'on trouve toujours autant de plats salés-sucrés, là seule nouveauté consistant dans l'introduction de produits régionaux et le déplacement de la consommation des fruits à la fin des repas. C'est plutôt du côté du comportement à table, des « bonnes manières », que l'influence des Italiens sera notable : habitude de se laver les mains, d'utiliser la fourchette (qui n'est encore qu'un instrument tranchant à deux dents)... Enfin, signalons tout de même un apport considérable : l'art de fabriquer confitures, pâtes de fruits, fruits confits et autres desserts (que l'on écrivait alors « dessertzs »).

Transition et transformation

En 1654, Nicolas de Bonnefons écrit «Les Délices de la campagne». C'est la première fois que quelqu'un parle de la saveur «naturelle» d'un produit. Il prône une cuisine simple où le goût des aliments n'est pas masqué par des préparations compliquées. Mais ses idées resteront encore longtemps dans le domaine du rêve. C'est à la fin du XVII° siècle que des transformations vont s'opérer avec l'arrivée du thé, du café, du chocolat, des glaces et des petits pois! Mais c'est surtout dans le domaine des vins que va se produire la grande révolution: Dom Pérignon «invente» le champagne!

C'est le XVIII° siècle qui va appliquer les idées du XVII° siècle. La cuisine tend vers une certaine simplicité et on l'appelle... «nouvelle cuisine»! Et Voltaire, Diderot et Rousseau s'en plaignent. C'est la première fois que l'on fait la différence entre cuisinière, femme qui cuisine, et cuisinier, homme capable d'invention, au service de maîtres.

Le grand bouleversement

Né en 1755, mort en 1826, Brillat-Savarin a été le premier à connaître et à apprécier les transformations de la cuisine. Il a écrit la «Physiologie du goût», recueil d'anecdotes et de réflexions diverses sur le goût, publié un an avant sa mort, véritable art de vivre. Autre grand nom de ce siècle: Antonin Carême qui a, sans conteste, bouleversé la cuisine. Il nous a laissé plusieurs livres dont: «Le Pâtissier royal parisien» et, surtout, «L'Art de la cuisine au XIX° siècle», en 5 volumes, dont 3 achevés de son vivant. Issu d'une famille très pauvre, certainement analphabète, Carême a été le premier à associer les saveurs et les goûts et à débarrasser les préparations d'ingrédients inutiles.

L'ouverture

Le XX° siècle a sans nul doute absorbé les grandes innovations du XIX° siècle, mais s'est aussi ouvert aux cuisines de tous les pays, proches ou lointains. La cuisine d'aujourd'hui tend de plus en plus vers la simplicité, le goût pour le naturel et la légèreté. Ces deux mots d'ordre furent ceux de la «nouvelle cuisine» des années 70, avec leurs chefs célèbres comme Michel Guérard, les frères Troisgros ou Alain Chapel. Mais il faut hélas se méfier des «imitations», lesquelles ont fait naître une nuée de mauvais cuisiniers. Les véritables chefs savent bien, néanmoins, qu'il ne faut en aucun cas oublier les siècles qui nous ont précédés, avec leurs expériences, leurs secrets et leurs traditions. La cuisine d'aujourd'hui est, et demeure, une somme.

Recettes de base

Fond de volaille

Pour environ 1 litre de fond
Préparation : 15 mn - Cuisson : 3 h 15

- 1 kg de carcasses et d'abattis de volaille (têtes, cous, ailerons)
- 1 dl de vin blanc
- 2 carottes
- 1 oignon
- 1 poireau
- 1 côte de céleri
- 1 bouquet garni : 1 feuille de laurier, 1 branche de thym, 6 tiges de persil
- 1 gousse d'ail
- 2 clous de girofle
- 6 grains de poivre
- sel

1. Flambez les abattis en les passant sur une flamme vive, puis grattez-les. Concassez grossièrement les carcasses de volaille. Pelez les carottes ; ôtez les fils du céleri ; lavez ces légumes et émincez-les. Otez la première feuille du poireau, lavez-le et coupez-le en morceaux de 4 cm. Pelez l'oignon et piquez-le des clous de girofle. Pelez l'ail et écrasez-le d'un coup sec du plat de la main. Liez les éléments du bouquet garni.

2. Garnissez de céleri, de carottes et de poireau le fond d'une marmite. Posez dessus carcasses et abattis. Couvrez et posez la marmite sur feu doux. Laissez suer le tout pendant 5 mn. Versez alors le vin blanc et laissez-le s'évaporer complètement à feu vif. Ajoutez ensuite 2 litres d'eau froide, le bouquet garni, l'ail, l'oignon et les grains de poivre. Portez à ébullition, salez et laissez cuire à feu très doux et à découvert pendant 3 h.

3. Au bout de ce temps, passez le fond de volaille dans une passoire très fine tapissée de mousseline. Laissez refroidir.

☐ Vous pouvez préparer une demi-glace et une glace de volaille en suivant les indications données dans la recette du fond de veau.

Vous utiliserez ce fond à la place de bouillon aussi bien pour la préparation de sauces (comme la sauce veloutée) que pour la préparation de potages.

Recettes de base

Fond de veau

Pour environ 1 litre de fond
Préparation : 15 mn - Cuisson : 5 h 15

- 1,5 kg de veau avec os coupé en morceaux : jarret, haut-de-côtes
- 1 pied de veau coupé en deux
- 50 g de jambon cru
- 2 carottes
- 2 côtes de céleri
- 2 oignons
- 2 gousses d'ail
- 1 bouquet garni : 1 feuille de laurier, 1 branche de thym, 10 tiges de persil
- 4 clous de girofle
- 1 dl de vin blanc sec
- 10 grains de poivre
- sel

1. Allumez le four, thermostat 8 (250°). Mettez le pied de veau dans une casserole d'eau froide, portez à ébullition, faites-le blanchir 5 mn, puis rincez-le sous l'eau froide. Mettez le pied de veau et les morceaux de veau dans un plat allant au four. Glissez le plat au four et laissez cuire les viandes pendant 10 mn, en les retournant à mi-cuisson.

2. Pelez les carottes ; ôtez les fils des côtes de céleri, lavez ces légumes et émincez-les. Liez les éléments du bouquet garni. Pelez l'ail et écrasez-le d'un coup sec du plat de la main. Pelez les oignons et piquez-les des clous de girofle. Hachez grossièrement le jambon au couteau. Otez les viandes du four.

3. Rangez carottes et céleri au fond d'une grande marmite, posez dessus les viandes, le bouquet garni, le jambon, les oignons, l'ail et les grains de poivre. Couvrez et posez la marmite sur feu doux. Laissez suer les légumes pendant 5 mn.

4. Versez ensuite le vin dans la marmite et laissez-le s'évaporer à feu vif. Arrosez alors de 3 litres d'eau, portez à ébullition, salez et laissez cuire à feu très doux, marmite mi-couverte, pendant 5 h. Ecumez pendant les 10 premières minutes de cuisson.

5. Au bout de ce temps, passez le fond de veau à travers une passoire très fine tapissée d'une mousseline. Laissez refroidir.

☐ Pour obtenir une demi-glace de veau, faites réduire le fond filtré de moitié, à feu très doux ; éliminez au fur et à mesure les impuretés qui pourraient remonter à la surface.

Pour la glace de veau, procédez de la même façon que pour la demi-glace, mais la réduction doit être de 1/10 du volume initial : donc, pour 1 litre de fond, vous obtenez 1 dl de glace. Utilisez-la avec parcimonie car elle est très parfumée.

Fumet de poisson

Pour environ 1 litre de fumet
Préparation : 10 mn - Cuisson : 40 mn

- 1 kg de parures de poisson blanc : sole, turbot, merlan...
- 2 gros oignons
- 250 g de champignons
- 1 dl de vin blanc sec
- 25 g de beurre
- 1 bouquet garni :
  1 feuille de laurier,
  1 branche de thym,
  10 tiges de persil
- 1 cuil. à soupe d'huile
- 6 grains de poivre
- sel

1. Pelez les oignons et émincez-les. Otez la partie terreuse du pied des champignons, lavez-les, essuyez-les et coupez-les en fines lamelles. Liez les éléments du bouquet garni. Passez les parures de poisson sous l'eau courante.

2. Faites chauffer l'huile dans une cocotte, ajoutez-y le beurre et faites-y revenir oignons et champignons à feu doux, sans les laisser prendre couleur, pendant 10 mn, en mélangeant avec une spatule. Ajoutez ensuite les parures de poisson, remuez 2 mn, puis versez le vin et laissez-le s'évaporer à feu vif.

3. Versez ensuite dans la cocotte 1,5 litre d'eau froide, portez à ébullition, salez, ajoutez les grains de poivre et le bouquet garni et faites frémir pendant 20 mn, en écumant chaque fois que des impuretés remontent à la surface.

4. Passez le fumet dans une passoire fine tapissée d'une mousseline. Laissez refroidir.

Fond de gibier

Pour environ 1 litre de fond
Préparation : 10 mn - Cuisson : 3 h 25

- 1 kg de bas morceaux de chevreuil, de lièvre
- 500 g de carcasse de perdrix ou de faisan
  1 carotte
  1 oignon
- 1 côte de céleri
  1 branche de sauge fraîche
- 1 bouquet garni :
  1 feuille de laurier,
  1 branche de thym,
  10 tiges de persil
- 6 baies de genièvre
- 6 grains de poivre
- 4 clous de girofle
- 1 dl de vin blanc sec
- sel

1. Allumez le four, thermostat 8 (250°). Concassez carcasse et morceaux de gibier. Mettez-les dans un plat allant au four et glissez ce dernier au four. Laissez cuire pendant 10 mn en retournant le tout à mi-cuisson.

2. Pelez la carotte ; ôtez les fils de la côte de céleri ; lavez ces légumes et émincez-les. Liez les éléments du bouquet garni. Pelez l'oignon et piquez-le des clous de girofle.

3. Tapissez le fond d'une marmite de carotte et de céleri ; rangez dessus carcasse et morceaux de gibier, le bouquet garni, l'oignon, les grains de poivre, les baies de genièvre et la sauge. Couvrez et laissez suer les légumes pendant 5 mn à feu doux.

4. Arrosez avec le vin et laissez-le s'évaporer à feu vif. Versez ensuite 3 litres d'eau, portez à ébullition, salez et faites cuire à feu doux et à découvert

pendant 3 h. Ecumez pendant les 10 premières minutes de cuisson.

5. Au bout de ce temps, passez le fond de gibier dans une passoire très fine tapissée d'une mousseline. Laissez refroidir.

□ Pour obtenir une demi-glace et une glace de gibier, suivez les indications données dans la recette du fond de veau.

Béchamel

Pour 4 personnes
Préparation et cuisson : 15 mn
- *1/2 litre de lait*
- *noix muscade*
- *50 g de beurre*
- *poivre*
- *50 g de farine*
- *sel*

1. Faites fondre le beurre dans une petite casserole à fond épais, puis incorporez-y peu à peu la farine en tournant avec une cuillère en bois pour éviter la formation de grumeaux, jusqu'à obtention d'une crème lisse.

2. Versez le lait dans la casserole, petit à petit, sans cesser de tourner; portez à ébullition sur feu doux et faites cuire de 5 à 6 mn en tournant de temps en temps, jusqu'à ce que la sauce épaississe. Salez, poivrez, ajoutez 1 pincée de noix muscade. Mélangez et arrêtez la cuisson.

□ Cette sauce entre dans la composition d'un grand nombre d'autres sauces, de gratins, de quiches.

Lorsque la béchamel est cuite, incorporez-y 25 g de beurre mou, 200 g de crème fraîche épaisse et 1 cuillerée à café de jus de citron. Servez aussitôt avec des légumes bouillis ou des volailles rôties. Vous pouvez aussi y ajouter persil, cerfeuil et estragon ciselés.

Sauce Mornay

Pour 4 personnes
Préparation et cuisson : 20 mn
- *1/2 litre de lait*
- *50 g de crème fraîche épaisse*
- *30 g de beurre*
- *30 g de farine*
- *noix muscade*
- *75 g de gruyère râpé*
- *poivre*
- *1 jaune d'œuf*
- *sel*

1. Faites fondre le beurre dans une casserole, puis incorporez-y peu à peu la farine en tournant avec une cuillère en bois pour éviter la formation de grumeaux. Travaillez jusqu'à obtention d'une crème lisse, non colorée.

2. Versez le lait dans la casserole, petit à petit, sans cesser de tourner; portez à ébullition sur feu doux et faites cuire de 5 à 6 mn, en tournant de temps en temps, jusqu'à ce que la sauce épaississe. Salez, poivrez, ajoutez 1 pincée de noix muscade.

3. Insérez une plaque d'amiante entre la casserole et la source de chaleur. Ajoutez le gruyère râpé par petites quantités, tout en mélangeant, jusqu'à ce que le fromage soit fondu.

4. Retirez la casserole du feu. Mettez le jaune d'œuf dans une terrine et battez-le à la fourchette en y incorporant la crème. Versez ce mélange dans la casserole, remuez, puis remettez la casserole sur feu très doux, jusqu'à ce que la sauce soit bien chaude.

□ La sauce Mornay accompagne les légumes cuits à l'eau ou à la vapeur et les poissons pochés ou cuits au court-bouillon.

Sauce Soubise

Pour 5-6 personnes
Préparation et cuisson : 1 h
- *250 g d'oignons*
- *50 g de farine*
- *75 g de beurre mou*
- *50 g de beurre*
- *100 g de crème fraîche*
- *noix muscade*
Pour la béchamel :
- *poivre*
- *1/2 litre de lait*
- *sel*

1. Pelez les oignons et émincez-les.

2. Faites fondre 25 g de beurre dans une sauteuse et faites-y revenir les oignons à feu très doux, sans les laisser prendre couleur, pendant 30 mn, en mélangeant de temps en temps avec une spatule.

3. Pendant ce temps, préparez la béchamel : faites fondre le beurre dans une casserole, puis incorporez-y la farine, peu à peu, en mélangeant avec une cuillère en bois. Versez ensuite le lait, petit à petit, sans cesser de mélanger; portez à ébullition et faites cuire de 5 à 6 mm. Salez, poivrez, ajoutez 1 pincée de noix muscade. Retirez du feu.

4. Lorsque les oignons sont cuits, ajoutez-y la béchamel, couvrez et faites cuire à feu doux 15 mn en mélangeant de temps en temps.

5. Passez la sauce à travers une passoire fine au dessus d'une casserole en appuyant bien sur les oignons avec le dos de la cuillère. Posez la casserole sur feu doux, faites juste reprendre l'ébullition, puis retirez du feu. Incorporez alors la crème fraîche puis le beurre restant, par petits morceaux. Versez en saucière.

□ La sauce Soubise accompagne les poissons cuits au court-bouillon, les viandes et le gigot d'agneau aux haricots blancs.

Sauce moutarde

Pour 6 personnes
Préparation : 5 mn - Cuisson : 20 mn
- *1/2 litre de lait*
- *1 oignon*
- *50 g de beurre*
- *1 clou de girofle*
- *50 g de farine*
- *2 cuil. à soupe de crème fraîche épaisse*
- *2 cuil. à soupe de moutarde forte*
- *sel, poivre*

1. Pelez l'oignon et piquez-le du clou de girofle. Mélangez la crème fraîche et la moutarde dans un bol. Versez le lait dans une petite casserole, portez-le à ébullition sur feu doux.

2. Faites fondre le beurre dans une seconde casserole, ajoutez-y la farine en pluie et mélangez pendant 1 mn avec une spatule. Versez ensuite peu à peu le lait, sans cesser de remuer, salez et poivrez légèrement, ajoutez l'oignon piqué du clou de girofle et laissez cuire à feu doux et à découvert pendant 15 mn en tournant de temps en temps.

3. Après 15 mn de cuisson, ajoutez dans la casserole le mélange crème-moutarde et remuez pendant encore 2 mn. Ôtez l'oignon. Versez en saucière et servez chaud.

□ Cette sauce est excellente avec des viandes blanches grillées ou rôties ou des légumes bouillis.

Sauce hollandaise

Pour 4 personnes
Préparation et cuisson : 20 mn

3 jaunes d'œufs
xtra-frais
250 g de beurre
2 cuil. à soupe de
inaigre

● 2 cuil. à soupe de
jus de citron
● 1 cuil. à café de
poivre mignonnette
● sel

1. Préparez un beurre clarifié : faites fondre le
eurre dans une casserole à feu doux. A l'aide
'une cuillère, ôtez l'écume blanche qui se forme sur
e dessus. Versez ce beurre clarifié dans une terrine
t éliminez le dépôt blanchâtre.

2. Mettez le vinaigre et autant d'eau dans une
asserole ; ajoutez-y le poivre mignonnette ; posez la
asserole sur feu vif, portez à ébullition et laissez
vaporer le liquide, jusqu'à ce qu'il en reste environ
cuillerée à café. Retirez la casserole du feu et pla-
ez-la au bain-marie.

3. Versez dans la casserole 1 cuillerée à soupe
'eau froide et ajoutez les jaunes d'œufs, un à un,
n battant vivement au fouet, jusqu'à obtention
'une crème onctueuse. Incorporez ensuite le
eurre clarifié et 2 autres cuillerées à soupe d'eau
oide, sans cesser de battre. Cette addition d'eau
onne de la légèreté.

4. Passez la sauce au chinois, salez et ajoutez le
us de citron. Versez en saucière et servez aussitôt.

La sauce hollandaise accompagne les poissons
ochés, les légumes comme les asperges ou simple-
ent les pommes de terre à l'eau.

Lorsque la sauce est prête, fouettez 2 cuillerées à
oupe de crème et incorporez-les à la sauce ; vous
urez une sauce mousseline encore plus légère que
a sauce hollandaise.

Sauce béarnaise

Pour 4 personnes
Préparation et cuisson : 25 mn

● 250 g de beurre
● 3 jaunes d'œufs
● 2 échalotes grises
● 2 cuil. à soupe
d'estragon ciselé

● 1 cuil. à café
de poivre mignonnette
● 1 dl de vinaigre
de vin vieux
● sel

1. Pelez les échalotes et hachez-les menu.

2. Préparez un beurre clarifié : faites fondre le
beurre dans une casserole à feu doux. Otez l'écume
blanche qui se forme sur le dessus avec une cuillère. Versez ce beurre clarifié dans une terrine et
éliminez le dépôt blanchâtre qui s'est formé dans le
fond.

3. Mettez le vinaigre, les échalotes, le poivre mignonnette et 1 cuillerée à soupe d'estragon dans
une casserole. Portez à ébullition et laissez évaporer
le liquide, jusqu'à ce qu'il en reste environ
1 cuillerée à soupe. Retirez la casserole du feu et
passez-en le contenu au chinois au-dessus d'une
autre casserole en appuyant bien avec le dos d'une
cuillère.

4. Posez la casserole au bain-marie. Incorporez
les jaunes d'œufs, un à un, et 2 cuillerées à soupe
d'eau froide à la préparation en battant vivement au
fouet, jusqu'à obtention d'une crème onctueuse.
Ajoutez ensuite le beurre clarifié sans cesser de
battre. Salez, ajoutez le reste de l'estragon, versez
en saucière et servez.

□ La sauce béarnaise accompagne la viande de
bœuf grillée, poêlée ou rôtie : tournedos, chateau-
briand, entrecôte...

La sauce choron est une béarnaise à la tomate ;
n'y ajoutez pas d'estragon ciselé à la fin, mais 1 dl
de coulis de tomates.

Sauce poulette

Pour 4-6 personnes
Préparation : 25 mn - Cuisson : 30 mn

- 1/2 litre de fond de veau (p. 8)
- 250 g de champignons de Paris
- 100 g de crème fraîche épaisse
- 3 jaunes d'œufs
- 25 g de beurre
- 1 cuil. à café de Maïzena
- 1 cuil. à soupe de persil plat ciselé
- le jus de 1 citron
- sel, poivre

1. Mettez la Maïzena dans un verre et délayez-la avec 1 cuillerée à soupe d'eau froide. Mettez la crème fraîche dans une terrine, ajoutez-y les jaunes d'œufs et battez le tout à la fourchette. Coupez le pied terreux des champignons, lavez-les, essuyez-les dans du papier absorbant et émincez-les.

2. Faites fondre le beurre dans une poêle, ajoutez-y les champignons et le jus de citron. Faites cuire à feu modéré pendant 15 mn, jusqu'à ce qu'il n'y ait plus de liquide dans la poêle.

3. Versez le fond de veau dans une casserole, portez-le à ébullition, ajoutez la Maïzena délayée et faites cuire jusqu'à ce que la sauce épaississe, puis retirez du feu. Versez 3 cuillerées à soupe de fond de veau dans le mélange crème-œufs, battez à la fourchette, versez ce mélange dans la casserole tout en remuant ; ajoutez également les champignons et le persil. Vérifiez l'assaisonnement et mélangez.

4. Versez en saucière et servez aussitôt.

☐ La sauce poulette accompagne traditionnellement les pieds de veau ou de mouton et le gras-double, sans compter certains coquillages. Si vous voulez faire réchauffer la sauce au moment de la servir, attention à ne pas la faire bouillir, car les œufs coaguleraient.

Sauce tomate

Pour 4-6 personnes
Préparation : 20 mn - Cuisson : 1 h

- 1 kg de tomates
- 1 bouquet garni : 1 feuille de laurier, 1 branche de thym, 6 brins de persil
- 2 gros oignons
- 4 gousses d'ail
- 50 g de graisse d'oie
- noix muscade
- sel, poivre

1. Pelez les oignons et les gousses d'ail et hachez-les menu. Faites bouillir de l'eau dans une marmite, plongez-y les tomates quelques secondes, égouttez-les, rafraîchissez-les sous l'eau courante, pelez-les, coupez-les en deux, pressez-les pour en éliminer les graines et écrasez-les grossièrement à la fourchette. Liez les éléments du bouquet garni.

2. Faites fondre la graisse d'oie dans une sauteuse et faites-y revenir l'ail et les oignons hachés pendant 15 mn sans cesser de mélanger avec une spatule. Ajoutez les tomates et le bouquet garni. Salez, poivrez, ajoutez 1 pincée de noix muscade. Mélangez et faites cuire à feu doux et à couvert pendant 45 mn.

3. Au bout de ce temps, vérifiez l'assaisonnement, ôtez le bouquet garni et servez.

☐ La préparation de la sauce tomate varie selon les régions ; on peut supprimer l'ail et faire cuire les oignons dans du beurre, ou encore faire revenir ail et oignons à l'huile d'olive.

Sauce veloutée

Pour 4-6 personnes
Préparation et cuisson : 1 h 15

/2 litre de bouillon   ● 100 g de beurre
viande blanche   ● 30 g de farine
de volaille   ● sel, poivre

. Faites tiédir le bouillon dans une casserole.
. Préparez un beurre clarifié : faites fondre la
•itié du beurre dans une petite casserole à feu
ux, puis ôtez à la cuillère l'écume blanche qui se
me à la surface. Versez ce beurre clarifié dans
e casserole plus grande en éliminant le dépôt
nchâtre qui s'est formé au fond.
. Posez la casserole contenant le beurre clarifié
feu doux, versez-y la farine en pluie et mélangez
n avec une spatule. Arrosez avec le bouillon
s cesser de tourner. Portez à ébullition. Insérez
e plaque diffusante entre la casserole et le feu et
ssez mijoter 1 h en tournant la sauce de temps en
nps et en ôtant les impuretés ou la graisse qui
nontent à la surface.
. Lorsque la sauce est cuite, passez-la dans une
ssoire fine et incorporez-y le beurre restant en noi-
tes, en battant au fouet à main. Rectifiez l'assai-
nnement. Versez en saucière et servez.

a sauce veloutée accompagne les légumes, les
ssons, les viandes blanches et les volailles po-
ées.
a sauce veloutée — ou sauce blanche grasse —
l'une des sauces classiques de la cuisine fran-
se ; elle sert de base à de nombreuses autres
ndes sauces : la sauce suprême, sauce veloutée
e à la crème et au beurre, ou la sauce allemande,
e avec des jaunes d'œufs.
Si vous n'utilisez pas cette sauce tout de suite, ne
liez pas au beurre, car elle ne se conserverait
s. Pratiquez cette opération toujours au dernier
ment, après avoir fait réchauffer la préparation.

Vinaigrette

Pour 2 personnes
Préparation : 2 mn

3 cuil. à soupe   ● 1 cuil. à soupe
uile   de vinaigre
poivre   ● 1 pincée de sel

1. Versez le vinaigre dans un bol, ajoutez sel et
ivre et battez à la fourchette pour dissoudre le sel.
2. Versez l'huile dans le bol en fouettant pour
nulsionner la sauce et rectifiez l'assaisonnement.

Les variétés d'huile et de vinaigre étant très nom-
euses, le goût de la vinaigrette diffère selon les
gions. Dans le Midi par exemple, on utilise beau-
•up l'huile d'olive ; ailleurs, on ajoute 1 pincée de
cre, de la moutarde, des fines herbes, etc. On
ut également remplacer le vinaigre par la même
antité de jus de citron.

Sauce verte

Pour 4 personnes
Préparation : 10 mn

● 4 cuil. à soupe   ● 1 cuil. à soupe
d'huile d'olive   de ciboulette ciselée
● 1 cuil à soupe   ● 1 cuil. à soupe
de vinaigre de vin   de câpres égouttées
● 2 cuil. à soupe   ● 2 échalotes
de persil plat ciselé   ● 6 petits cornichons
● 1 cuil à soupe   au vinaigre
de cerfeuil ciselé   ● sel, poivre

1. Hachez les câpres et les cornichons au couteau, le plus finement possible. Pelez les échalotes et
hachez-les menu.
2. Versez le vinaigre dans un bol, salez, poivrez ;
ajoutez-y persil, cerfeuil et ciboulette ciselés, cornichons, câpres et échalotes hachés. Mélangez à la
fourchette tout en incorporant l'huile.
3. Versez la sauce verte en saucière et servez.

□ Cette sauce accompagne les poissons grillés
— rougets, daurades, loups — ou les viandes du
pot-au-feu, le porc demi-sel cuit à l'eau, les grillades
de viande rouge ou blanche. Vous pouvez ajouter à
cette sauce 4 filets d'anchois à l'huile hachés,
1 gousse d'ail passée au presse-ail, 1 œuf dur
haché et d'autres fines herbes, selon votre goût et la
saison : menthe, basilic, estragon...

Rouille

Pour 6 personnes
Préparation : 15 mn

● 3 gousses d'ail   ● 2 dl d'huile d'olive
● 3 piments rouges frais   ● 1 cuil. à soupe de
● 1 tranche de pain de   bouillon de bouillabaisse
mie frais   ● sel

1. Pelez les gousses d'ail, coupez-les en deux et
ôtez le germe si l'ail n'est pas nouveau. Lavez les
piments, essuyez-les, coupez-les en deux, ôtez les
graines et le pédoncule. Otez la croûte du pain et
émiettez la mie dans un bol.
2. Mettez l'ail et les piments dans un mortier et
écrasez-les au pilon jusqu'à obtention d'une purée.
Ajoutez ensuite la mie de pain et le bouillon et laissez gonfler pendant 1 mn.
3. Ecrasez la mie de pain au pilon, puis versez
l'huile d'olive petit à petit, en tournant comme vous
le feriez pour une mayonnaise. Salez si cela est nécessaire.
4. Lorsque la sauce est parfaitement émulsion-
née, portez-la à table dans le mortier.

□ Dans le Midi, la rouille est traditionnellement servie avec la bouillabaisse. La mie de pain est quelquefois remplacée par une pomme de terre cuite à
l'eau et réduite en purée, ou par un jaune d'œuf,
comme pour la mayonnaise.

Mayonnaise

Pour 4 personnes
Préparation : 10 mn environ

- de 1,5 à
2 dl d'huile
- 1 jaune d'œuf
- 1 pincée de sel

1. Mettez le jaune d'œuf dans un mortier. Œuf, huile et mortier doivent être à la température de la pièce.
2. Ecrasez le jaune d'œuf au pilon et incorporez-y l'huile en un mince filet en mélangeant avec le pilon. Lorsque l'émulsion se produit, vous pouvez verser l'huile un peu plus fortement, sans cesser de tourner avec le pilon, de plus en plus rapidement. Salez en cours de préparation. Le temps nécessaire pour faire une mayonnaise varie entre 5 et 8 mn selon la rapidité avec laquelle vous maniez le pilon.
3. Servez la mayonnaise dans le mortier. Vous en obtenez environ 5 cuillerées à soupe avec les proportions indiquées.

☐ Cette recette de la mayonnaise est la plus classique, elle ne comporte pas de moutarde. Selon la moutarde employée (à l'estragon, au citron, etc.), la mayonnaise sera diversement parfumée. Ajoutez au jaune d'œuf 1/2 cuillerée à café de moutarde, mélangez et laissez reposer 1 mn avant d'incorporer l'huile. Faites attention à toujours avoir tous les ingrédients — ainsi que le mortier — à la même température.

Si vous avez peur de préparer la mayonnaise au pilon, vous pouvez utiliser un batteur à main ou électrique et un simple bol, pas trop évasé. Lorsque la mayonnaise est prête, vous pouvez y ajouter quelques gouttes de citron ou de vinaigre, cela la rendra plus digeste. L'huile utilisée peut être d'arachide, de maïs ou encore d'olive, mais si vous trouvez celle-ci trop fruitée, essayez donc une mayonnaise moitié arachide, moitié olive !

Aïoli

Pour 4-5 personnes
Préparation : 15 mn

- 5 grosses
gousses d'ail
- 1 jaune d'œuf
- 1/4 de litre
d'huile d'olive
- sel

1. Pelez les gousses d'ail, coupez-les en deux et ôtez le germe si l'ail n'est pas nouveau. Mettez l'ail dans un mortier, ajoutez du sel et écrasez l'ail au pilon, jusqu'à ce que vous obteniez une purée lisse. Ajoutez alors le jaune d'œuf, mélangez et laissez en attente pendant 1 mn.
2. Incorporez ensuite l'huile en tournant sans arrêt avec le pilon, d'abord en un mince filet puis, quand l'émulsion est faite, plus vivement. Cette opération peut durer environ 10 mn.
3. Lorsque toute l'huile est incorporée, servez l'aïoli dans le mortier.

☐ Aïoli s'écrit aussi ailloli. C'est une sauce que l'on prépare dans tout le Midi pour accompagner le poisson grillé ou cuit au court-bouillon, mais elle est tout particulièrement servie avec de la morue et les légumes crus ou cuits qui l'accompagnent. Ce plat porte le nom de « grand aïoli ».

Sauce tartare

Pour 6 personnes
Préparation et cuisson : 15 mn

- 2 œufs
- 1/4 de litre d'huile
- 1 cuil. à café de
vinaigre de vin
- 1 cuil. à soupe de
ciboulette ciselée
- 1 cuil. à soupe de
câpres égouttées
- 1 cuil. à café de
moutarde
- 6 petits cornichons
- sel, poivre

1. Mettez les œufs dans une casserole d'e froide, faites-les bouillir 8 mn, puis rafraîchissez- sous l'eau courante.
2. Hachez câpres et cornichons au couteau.
3. Ecalez les œufs. Mettez les jaunes et la mo tarde dans une terrine. Ecrasez-les finement à fourchette, puis incorporez-y l'huile en mélangec à la fourchette, comme vous le feriez pour u mayonnaise. Lorsque le mélange est émulsionr ajoutez-y le vinaigre, sans cesser de tourner, p les câpres, les cornichons et la ciboulette. Salez. P vrez. Mélangez.
4. Versez la sauce tartare en saucière et serve

☐ Cette sauce accompagne aussi bien viandes volailles que poissons et crustacés chauds et froi

Beurre blanc

Pour 5-6 personnes
Préparation : 5 mn - Cuisson : 20 mn

- 250 g de beurre
demi-sel très froid
- 4 échalotes moyennes
- 1,5 dl de vin blanc
- 1 dl de vinaigre
de vin blanc
- poivre blanc
fraîchement moulu

1. Pelez les échalotes et hachez-les menu. Mette les dans une casserole avec le vin et le vinaigre.
2. Posez la casserole sur feu modéré et faites év porer le liquide à petits bouillons jusqu'à ce qu n'en reste plus que 1 cuillerée à soupe. Retirez casserole du feu.
3. Découpez le beurre très froid en une dizaine c cubes.
4. Posez la casserole sur feu doux et sur une pl que d'amiante. Mettez un cube de beurre dans casserole et battez avec un fouet. Incorporez l autres cubes de beurre un par un, sans cesser c battre. Lorsque tout le beurre est fondu, le beur blanc est prêt, léger et mousseux. Poivrez.
5. Versez le beurre dans une saucière et serv sans attendre.

☐ Le beurre blanc est la sauce d'élection des po sons cuits au court-bouillon, au four, grillés... Vo pouvez le préparer avec du beurre doux, mais sera moins savoureux ; dans ce cas, salez les éch lotes au début de leur cuisson.

Beurre rouge

Pour 5-6 personnes
Préparation : 5 mn - Cuisson : 15 mn

- 250 g de beurre très froid
- 4 échalotes moyennes
- 2,5 dl de vin rouge
- 1 cuil. à soupe de vinaigre de vin
- poivre
- sel

1. Pelez les échalotes et hachez-les menu. Mettez-les dans une casserole avec le vin et le vinaigre. Salez, poivrez.

2. Posez la casserole sur feu modéré et faites évaporer le liquide jusqu'à ce qu'il n'en reste plus que 1 cuillerée à soupe. Retirez la casserole du feu.

3. Coupez le beurre très froid en 10 petits cubes.

4. Mettez les cubes de beurre, un par un, dans la casserole en tournant avec une spatule pour bien émulsionner le beurre rouge. Si la casserole refroidit trop vite, posez-la à feu doux sur une plaque d'amiante ou dans un bain-marie, mais, attention, le beurre ne doit surtout pas cuire.

5. Versez le beurre rouge en saucière, à travers une passoire fine, et servez.

☐ Le beurre rouge est l'accompagnement idéal de la viande rouge grillée ou poêlée. Si vous faites un steak poêlé, vous pouvez préparer le beurre rouge dans la poêle où a cuit la viande : réservez celle-ci au chaud, jetez le gras de cuisson, puis faites la réduction d'échalotes, de vin et de vinaigre dans la poêle où se trouvent les sucs caramélisés de la viande et continuez la préparation du beurre rouge dans la poêle. Vous pouvez soit napper la viande de beurre rouge, soit verser celui-ci en saucière.

Beurre Bercy

Pour 6 personnes
Préparation et cuisson : 20 mn

- *150 g de beurre mou*
- *250 g de moelle de bœuf*
- *1 cuil. à soupe de persil plat ciselé*
- *2 échalotes grises*
- *2 dl de vin blanc*
- *1 cuil. à soupe de jus de citron*
- *sel, poivre*

1. Faites chauffer de l'eau dans une casserole; lorsqu'elle frémit, salez-la et plongez-y la moelle. Laissez pocher celle-ci pendant 5 mn sans la faire bouillir, puis retirez-la avec une écumoire et laissez-la égoutter dans une passoire.

2. Pelez les échalotes et hachez-les menu.

3. Mettez les échalotes et le vin dans une casserole; posez la casserole sur feu doux et faites réduire le vin de moitié. Laissez tiédir; ajoutez le beurre, par petites quantités, en battant avec un fouet, puis, sans cesser de battre, ajoutez la moelle également par petits morceaux. Salez, poivrez, ajoutez le jus de citron et le persil, mélangez bien et versez en saucière.

☐ En raison de la présence de la moelle, ce beurre n'est pas lisse mais un peu granuleux.

Servez le beurre Bercy avec du bœuf grillé.

Beurre marchand de vin

Pour 5-6 personnes
Préparation et cuisson : 15 mn

- *1 cuil. à soupe de jus de citron*
- *1 cuil. à soupe de persil ciselé*
- *200 g de beurre mou*
- *2 dl de vin rouge*
- *3 échalotes*
- *sel, poivre*

1. Pelez les échalotes et hachez-les menu.

2. Mettez les échalotes et le vin dans une casserole, posez celle-ci sur feu doux et faites réduire le vin de moitié. Laissez tiédir.

3. Ajoutez le beurre au contenu de la casserole, par petites quantités, en battant avec un fouet. Salez, poivrez, ajoutez le jus de citron et le persil. Mélangez bien, versez en saucière et servez aussitôt.

☐ C'est l'accompagnement idéal de l'entrecôte ou de toute autre pièce de bœuf grillée. Vous pouvez ne pas servir ce beurre en saucière, mais le verser directement sur la viande.

Crème anglaise

Pour 6 personnes
Préparation et cuisson : 20 mn

- *1 litre de lait*
- *8 jaunes d'œufs*
- *150 g de sucre*
- *1 gousse de vanille*

1. A l'aide d'un petit couteau pointu, fendez la gousse de vanille en deux dans le sens de la longueur. Mettez-la dans une casserole, versez-y le lait et portez à ébullition. Eteignez le feu, couvrez et laissez infuser pendant 5 mn.

2. Pendant ce temps, mettez les jaunes d'œufs dans une casserole en émail ou en acier inoxydable (l'aluminium noircit la crème et lui donne un goût de fer). Versez le sucre en pluie, peu à peu, en tournant sans arrêt avec une spatule. Travaillez ensuite le mélange au fouet à main jusqu'à ce qu'il blanchisse, épaississe, mousse et double de volume.

3. Versez peu à peu le lait chaud dans la casserole sans cesser de fouetter. Posez la casserole sur feu doux et faites cuire la crème en tournant sans cesse avec une spatule, pendant 5 à 10 mn, jusqu'à ce qu'elle nappe la spatule, sans la laisser bouillir.

4. Dès que la crème est cuite, retirez la casserole du feu et laissez refroidir la crème en la remuant de temps en temps.

☐ La crème anglaise est l'accompagnement idéal des charlottes, des îles flottantes, des bavarois... Elle peut être parfumée à l'alcool, au citron, à l'orange, au café ou au chocolat.

Si vous craignez que la crème ne bouille, placez la casserole dans un bain-marie frémissant.

Crème pâtissière

Pour environ 3/4 de litre
Préparation et cuisson : 30 mn

- *1/2 litre de lait*
- *4 jaunes d'œufs*
- *40 g de farine*
- *125 g de sucre en poudre*
- *1 gousse de vanille*

1. A l'aide d'un petit couteau pointu, fendez la gousse de vanille en deux dans le sens de la longueur. Mettez-la dans une casserole, versez-y le lait et portez à ébullition. Eteignez le feu, couvrez et laissez infuser pendant 5 mn.

2. Pendant ce temps, fouettez les jaunes d'œufs avec le sucre dans une seconde casserole. Dès que le mélange blanchit, ajoutez-y la farine et mélangez bien. Versez ensuite peu à peu le lait chaud, sans cesser de fouetter.

3. Posez la casserole sur feu modéré et portez la crème à ébullition, en ne cessant de tourner avec une spatule. Dès que l'ébullition est atteinte, comptez 2 mn, puis retirez la casserole du feu.

4. Laissez refroidir la crème en la remuant de temps en temps.

☐ La crème pâtissière sert essentiellement à garnir des gâteaux et à fourrer des choux. Vous pouvez la parfumer de rhum, de kirsch ou de Grand Marnier.

Pâte à pain

Pour 1 pain de 750 g environ
Préparation : 30 mn - Repos : 3 h

500 g de farine	• 1 cuil. à café de
1 sachet de levure	sucre semoule
ophilisée	• 1 1/2 cuil. à café
1,5 dl de lait tiède	de sel

1. Mettez le sucre dans un verre de 2 dl de conte-
ance. Ajoutez-y 1 dl d'eau tiède et mélangez jus-
1'à ce que le sucre soit dissous. Ajoutez la levure
 pluie. Laissez gonfler la levure dans un endroit
de, pendant 10 mn environ, jusqu'à ce qu'elle at-
igne les bords du verre.

2. Au bout de ce temps, tamisez la farine sur le
an de travail, poudrez-la de sel, mélangez et faites
 puits au centre. Versez-y le contenu du verre et le
it.

3. Du bout des doigts, et en un mouvement rapide
artant du centre vers l'extérieur, mélangez tous les
éments, puis roulez la pâte en boule. Travaillez-la
ors de la façon suivante : écrasez-la en la poussant
n devant vous, pliez-la en deux vers vous, faites-
i faire un quart de tour sur elle-même dans le sens
verse des aiguilles d'une montre et recommencez
pération. Travaillez ainsi la pâte pendant 10 mn,
squ'à ce qu'elle se détache des doigts.

4. Mettez alors la pâte dans une terrine farinée,
couvrez-la d'un linge et laissez-la doubler de volume dans un endroit tiède à l'abri des courants
d'air pendant environ 1 h 30.

5. Au bout de 1 h 30, écrasez la pâte d'un coup
sec de la main et travaillez-la ensuite comme la première fois, pendant 3 mn. La pâte est alors prête à
l'emploi : vous pouvez faire un ou plusieurs pains ;
posez-les sur la plaque du four farinée et laissez-les
encore gonfler pendant 1 h 30 environ.

☐ La cuisson du pain se fait au thermostat 6 (200°)
dans un four préalablement chauffé. Elle dure entre
20 et 30 mn selon la grosseur du pain. Pour en véri-
fier le degré de cuisson, retournez le pain et tapotez-
en le dessous avec l'index plié : s'il sonne creux, le
pain est cuit ; sinon, laissez-le cuire pendant encore
quelques instants.

Cette pâte peut être enrichie de beurre ou d'œuf.

Pâte brisée

Pour environ 450 g de pâte
Préparation : 10 mn - Repos : 30 mn minimum
- *250 g de farine*
- *1/2 cuil. à café de sel*
- *125 g de beurre ramolli*

1. Tamisez la farine et le sel au-dessus d'une terrine. Coupez le beurre en petits morceaux et mettez-le dans la terrine.

2. Faites pénétrer la farine dans le beurre en travaillant rapidement du bout des doigts. Ajoutez peu à peu 4 cuillerées à soupe d'eau sans cesser de pétrir les ingrédients à la main : écrasez et aplatissez la pâte sous la paume de la main pour la rendre souple et homogène. Ce travail, le « fraisage », doit durer de 5 à 7 mn.

3. Lorsque la pâte est prête, glissez-la dans un sac en plastique spécial congélation et mettez-la au réfrigérateur. Laissez-la reposer pendant au moins 30 mn avant de l'utiliser ; elle perdra ainsi son élasticité et sera facile à étaler.

☐ Vous pouvez conserver cette pâte pendant 8 jours au réfrigérateur.

Pâte à choux

Pour environ 800 g de pâte
Préparation : 15 mn
- *2,5 dl d'eau*
- *100 g de beurre*
- *10 g de sucre*
- *150 g de farine*
- *5 œufs*
- *1 cuil. à café de sel*

1. Tamisez la farine. Mettez l'eau, le sel, le sucre et le beurre dans une casserole à fond épais et posez celle-ci sur feu doux. Retirez du feu au premier bouillon. Incorporez la farine en pluie en tournant rapidement avec une spatule.

2. Remettez la casserole sur le feu et continuez de tourner rapidement, pendant 1 mn environ, pour dessécher la pâte.

3. Retirez la casserole du feu et ajoutez les œufs un à un à la pâte en incorporant parfaitement le premier avant d'ajouter les autres. Travaillez très peu la pâte après avoir ajouté le dernier œuf.

4. Glissez la pâte dans une poche à pâtisserie munie de la douille de votre choix et déposez les choux ou le ruban de pâte sur la plaque du four très peu huilée ou recouverte d'un papier sulfurisé.

Pâte sablée

Pour 500 g de pâte
Préparation : 15 mn - Repos : 1 h minimum
- *250 g de farine*
- *150 g de beurre ramolli*
- *80 g de sucre*
- *1 œuf*
- *1 pincée de sel*

1. Mélangez farine, sel et sucre sur le plan de travail. Creusez un puits au centre, cassez-y l'œuf et mettez-y le beurre en petits morceaux : il doit être à la température de la pièce.

2. Commencez le travail de la pâte : faites glisser la farine des bords vers le centre et travaillez le tout du bout des doigts, jusqu'à ce que les éléments soient bien amalgamés.

3. Dès que la pâte est lisse et homogène, écrasez-la une seule fois sous la paume de la main, roulez-la en boule et glissez-la dans un sac en plastique spécial congélation.

4. Laissez reposer la pâte au réfrigérateur pendant au moins 1 h pour qu'elle perde son élasticité.

Pâte feuilletée

Pour environ 650 g de pâte
Préparation : 1 h - Repos divers : 1 h

250 g de farine   • 1,5 dl d'eau
250 g de beurre   • sel

1. Sortez le beurre du réfrigérateur environ 1 h avant de préparer la pâte. Mettez-le dans une terrine et travaillez-le avec une spatule afin qu'il soit lisse et moelleux.

2. Mettez la farine sur le plan de travail en la tamisant, creusez un puits au centre ; ajoutez 1/2 cuillerée à café de sel et les trois quarts de l'eau. Travaillez la farine avec une main, du bout des doigts, tout en la faisant glisser des bords vers le centre avec l'autre main. Ajoutez de l'eau peu à peu, jusqu'à ce que vous obteniez une pâte moelleuse de la même consistance que le beurre déjà préparé. La quantité d'eau à utiliser est extrêmement variable : elle dépend de la qualité de la farine et de sa capacité d'absorption.

3. La pâte obtenue est appelée «détrempe». Ne la travaillez pas trop longtemps, même si elle n'est pas parfaitement lisse. Roulez-la en boule et faites-y, à l'aide d'un petit couteau pointu, une incision en forme de croix ; cela la rendra plus facile à étaler. Laissez-la reposer pendant 15 mn.

4. Au bout de ce temps, étalez la détrempe avec un rouleau à pâtisserie sur le plan de travail fariné. Formez une galette de 2 cm d'épaisseur et de 15 cm de diamètre environ. Déposez le beurre au centre de la galette, sur 2 cm d'épaisseur, avec vos doigts humidifiés. Repliez les bords de la pâte sur le beurre en les faisant se chevaucher sur 2 cm. Vous obtenez une sorte d'enveloppe où est enfermé le beurre. Ce carré s'appelle «pâton».

5. Poudrez de farine le dessus du pâton. Farinez le rouleau à pâtisserie et étalez le pâton en formant un rectangle de 30 × 10 cm. Appuyez le rouleau d'abord au centre, délicatement, afin que la pâte glisse sur le plan de travail sans coller et que le beurre ne la traverse pas : le beurre doit toujours rester prisonnier de la détrempe.

6. Lorsque le rectangle a atteint les dimensions voulues, commencez l'opération qui porte le nom de «tourage». Prenez le bord inférieur de la pâte et portez-le à 10 cm du bord opposé. Appuyez légèrement avec le rouleau sur ce premier pli. Repliez le troisième tiers de la pâte par-dessus et appuyez de la même façon avec le rouleau. La pâte vient d'avoir son premier «tour». Les tours se donnent deux par deux ; mais il faut toujours faire pivoter le pâton d'un quart de tour, dans le sens des aiguilles d'une montre. Les pliures ne sont plus en haut et en bas, mais à gauche et à droite. Aplatissez à nouveau le pâton et repliez-le en trois comme la première fois ; vous venez de lui donner un nouveau tour. Avec l'index et le majeur, faites 2 petites marques au centre du rectangle, face à vous, pour indiquer que la pâte a eu 2 tours. Couvrez-la avec un torchon et mettez-la au réfrigérateur. Laissez-la reposer pendant 20 mn.

7. Donnez encore 2 tours à la pâte, en procédant comme précédemment. Imprimez en son centre 4 petites marques avec vos doigts, pour indiquer que la pâte a eu 4 tours. La pâte feuilletée classique a 6 tours et il est préférable de lui donner les deux derniers au moment de l'utilisation. Lorsque la pâte a eu 4 tours, mettez-la au réfrigérateur, comme la première fois, et laissez-la reposer au moins 20 mn, avant de lui donner les 2 derniers tours. Vous pouvez la garder 48 h au réfrigérateur avant cette dernière opération.

8. Lorsque vous avez donné les 6 tours, aplatissez la pâte avec le rouleau à pâtisserie et découpez-la selon vos besoins. La pâte cuit au thermostat 8 (250°), dans un four préchauffé. Elle doit toujours être posée sur une plaque humidifiée, mais pas huilée ni beurrée.

☐ Pour que le feuilletage gonfle bien à la cuisson, coupez la pâte en tenant le couteau à la verticale pour ne pas briser les «feuilles» de la pâte.

S'il vous reste de la pâte, mettez-la au réfrigérateur dans un sac spécial congélation et conservez-la pendant 7 jours au maximum.

Soupes et potages

Autrefois, la soupe tenait souvent lieu de repas, en particulier le soir, lorsque la famille se réunissait autour de la table après une dure journée de travail, près de l'âtre où la soupe avait mijoté toute la journée. Les soupes étaient souvent préparées avec des légumes et, lorsqu'il y en avait, de la viande. Aujourd'hui, la soupe est servie avant le plat principal, en petite quantité ; elle est devenue une entrée comme une autre — bien que pour certains, elle reste encore un plat unique.

Mais qu'elle soit aussi légère qu'un bouillon tout simple ou aussi nourrissante qu'une soupe à base de viande ou de légumes, elle commence toujours agréablement un repas.
L'été, on l'aime froide et délicate ; l'hiver, chaude et revigorante, elle est souvent dégustée comme plat unique simplement suivie d'un fromage et d'un fruit ou d'un dessert.

Les soupes se préparent avec toutes sortes d'ingrédients : légumes, viandes, volailles, poissons... Leur intérêt principal réside dans leur préparation ; le « potage au cresson » (p. 22) ou la « soupe à la bière » (ci-contre) restent faciles à réaliser. La « soupe au pistou » (p. 25) ne demande, elle, qu'un temps de préparation assez long, dû à la coupe des légumes, sa cuisson ne nécessitant aucun soin particulier.

Ne négligez jamais les soupes que vous servez avant un délicat repas : elles donneront à vos invités un avant-goût des merveilles que vous leur offrirez ensuite.
Grimod de la Reynière, gastronome du XIXe siècle, disait : « Le potage est à un dîner ce que le portique est à un édifice ; c'est-à-dire que non seulement il en est la première pièce, mais il doit aussi être combiné d'une manière à donner une juste idée du festin, à peu près comme l'ouverture d'un opéra comique doit annoncer le sujet de l'ouvrage. » Antonin Carême, lui, ne concevait pas un dîner sans soupe, et la considérait comme « la bien-aimée de l'estomac ».

Alors, n'hésitez plus, préparez des soupes et dégustez-les avec plaisir et gourmandise. Elles méritent une place de choix dans votre cuisine, place qu'elles ont, hélas, tendance à perdre.

Soupe à la bière
Alsace

Pour 6 personnes
Préparation : 10 mn. Cuisson : 35 mn

- 1 litre de bouillon de volaille
- 1/2 litre de bière
- 200 g de mie de pain rassise
- 100 g de crème fraîche
- 1 gros oignon
- 25 g de beurre
- noix muscade
- sel, poivre

1. Pelez l'oignon et émincez-le. Passez la mie de pain dans une moulinette électrique afin de la réduire en poudre. Faites tiédir le bouillon.
2. Faites fondre le beurre dans une cocotte et faites-y revenir l'oignon à feu doux pendant 5 mn environ. Versez-y alors peu à peu le bouillon chaud, puis la bière. Ajoutez la mie de pain, mélangez. Assaisonnez de sel, de poivre et de noix muscade. Laissez cuire à feu doux pendant 30 mn.
3. Passez le contenu de la cocotte au moulin à légumes, grille fine. Remettez la préparation dans la cocotte, ajoutez-y la crème et laissez réchauffer quelques minutes à feu très doux. Servez brûlant.

☐ Vous pouvez accompagner cette soupe de tranches de pain légèrement séchées au four.

Potage saint-germain
Ile-de-France

Pour 6 personnes
Préparation : 15 mn - Cuisson : 2 h 15

- 400 g de pois cassés
- 100 g de poitrine de porc demi-sel
- 1 carotte
- 1 oignon
- 1 gousse d'ail
- 25 g de beurre
- 1 bouquet garni : 1 feuille de laurier, 4 tiges de persil, 1 côte de céleri
- 100 g de crème fraîche épaisse
- sel, poivre

1. Lavez les pois cassés sous l'eau courante, puis mettez-les dans une casserole d'eau froide. Portez à ébullition et laissez blanchir les pois pendant quelques minutes. Egouttez-les.

2. Passez la poitrine de porc sous l'eau courante, égouttez-la et coupez-la en gros bâtonnets. Pelez l'oignon et hachez-le. Pelez la carotte, lavez-la et coupez-la en petits dés. Pelez l'ail et écrasez-le. Liez les éléments du bouquet garni.

3. Faites fondre le beurre dans une cocotte et faites-y revenir les bâtonnets de porc pendant 5 mn, puis ajoutez carotte et oignon et remuez pendant 2 mn. Versez alors 2 litres d'eau, ajoutez les pois cassés, l'ail et le bouquet garni, salez peu et poivrez. Mélangez et laissez cuire pendant 2 h à feu doux et à couvert.

4. Au bout de ce temps, éliminez ail et bouquet garni. Retirez les bâtonnets de porc et réservez-les. Passez le contenu de la cocotte au moulin à légumes, grille fine. Remettez la préparation dans la cocotte, rectifiez l'assaisonnement et versez-y la crème. Remettez la cocotte sur feu doux, ajoutez les bâtonnets de porc dans le potage, faites réchauffer pendant quelques minutes, puis versez dans une soupière.

□ Servez le potage saint-germain avec des croûtons dorés au beurre présentés à part.

ratinée à l'oignon ; ʼotage saint-germain.

Gratinée à l'oignon
Ile-de-France

Pour 4 personnes
Préparation : 15 mn - Cuisson : 50 mn

- 500 g de gros oignons
- 1 litre de bon bouillon : pot-au-feu, volaille...
- 150 g de gruyère râpé
- 100 g de beurre
- 12 tranches de baguette grillées
- poivre
- sel

1. Pelez les oignons et émincez-les finement. Faites chauffer le bouillon.

2. Faites fondre le beurre dans une cocotte et faites-y dorer les oignons à feu très doux pendant 15 mn, en remuant avec une cuillère en bois. Arrosez alors avec le bouillon, salez, poivrez et laissez cuire 30 mn à feu doux et à couvert.

3. Allumez le gril du four. Versez la soupe dans 4 bols supportant la chaleur ; disposez dans chacun 3 tranches de pain grillées et parsemez-les de fromage râpé.

4. Glissez les bols près de la source de chaleur et laissez gratiner.

5. Lorsque le fromage est doré, retirez les bols du four et servez sans attendre.

Potage au cresson

Ile-de-France

Pour 6 personnes
Préparation : 15 mn - Cuisson : 1 h

- 1 botte de cresson
- 2 blancs de poireaux
- 250 g de pommes de terre
- 100 g de crème fraîche épaisse
- 50 g de beurre
- sel, poivre

1. Lavez le cresson et essorez-le. Séparez les tiges des feuilles et éliminez les plus grosses tiges. Otez les racines des poireaux, lavez-les, égouttez-les et émincez-les Pelez les pommes de terre, lavez-les et coupez-les en gros morceaux.

2. Faites fondre 25 g de beurre dans une cocotte et faites-y revenir les blancs de poireaux et les tiges de cresson pendant 5 mn, à feu doux, en remuant avec une spatule. Versez ensuite peu à peu 2 litres d'eau, puis ajoutez les pommes de terre. Salez, poivrez. Portez à ébullition, couvrez et laissez cuire pendant 45 mn.

3. Pendant ce temps, hachez grossièrement les feuilles de cresson. Faites fondre le reste du beurre dans une poêle et faites-y revenir les feuilles hachées, à feu doux, pendant 2 mn.

4. Au bout de 45 mn de cuisson, passez le contenu de la cocotte au moulin à légumes, grille fine. Reversez le potage dans la cocotte et portez à ébullition. Ajoutez les feuilles de cresson et la crème, rectifiez l'assaisonnement et retirez la cocotte du feu. Mélangez bien.

5. Versez le potage dans une soupière et servez-le tout chaud.

□ Vous pouvez accompagner ce potage de croûtons frits ou grillés.

Tourin bordelais

Bordelais

Pour 6 personnes
Préparation : 15 mn - Cuisson : 45 mn

- 250 g d'oignons
- 1,5 litre de lait
- 2 œufs
- 1 cuil. à soupe rase de farine
- 100 g de crème fraîche épaisse
- 50 g de beurre
- poivre
- sel

Pour servir :
- fromage râpé
- 6 tranches de pain grillées

1. Versez le lait dans une casserole, ajoutez-y du sel et du poivre. Posez la casserole sur feu doux et portez le lait à ébullition.

2. Pelez les oignons et émincez-les. Faites fondre le beurre dans une cocotte et faites-y revenir les oignons à feu doux, en remuant avec une spatule, jusqu'à ce qu'ils soient blonds. Poudrez-les alors de farine et mélangez pendant 1 mn.

3. Versez peu à peu le lait dans la cocotte et portez à ébullition. Couvrez à demi et laissez cuire à feu doux pendant 35 mn.

4. Pendant ce temps, cassez les œufs dans une terrine. Battez-les à l'aide d'une fourchette jusqu'à ce qu'ils moussent. Ajoutez-y la crème et battez une dernière fois.

5. Lorsque la préparation a cuit pendant 35 mn,

versez-en 2 cuillerées à soupe dans la terrine contenant le mélange œufs-crème. Mélangez, puis versez le contenu de la terrine dans la cocotte. Battez au fouet à main et retirez aussitôt du feu, dès que la soupe est liée.

6. Versez la soupe dans une soupière et servez très chaud avec le pain dans une assiette et le fromage dans une coupelle : chaque convive mettra une tranche de pain dans son assiette, l'arrosera de tourin chaud et ajoutera du fromage râpé (gruyère ou emmenthal), selon ses goûts.

Les tourins — ou tourrin tourrings — sont des soupes traditionnelles qu l'on sert dans tout le Sud-Ouest. Elles sont le plus souvent à base d'oignons revenus, puis additionnés de liquide et liées avec des œufs. Lorsque l'on n'a plus de pain dans son assiette, on y verse un verre de vin rouge. Cette coutume s'appelle « faire la goulade » dans le Béarn, « faire chabrot » dans le Bordelais. Mais attention les tourins à base de lait n permettent pas l'adjonction de vin roug

Soupe froide à la tomate
Provence

Pour 6 personnes
Préparation : 10 mn - Cuisson : 30 mn

- 1,5 kg de tomates mûres à point
- 2 oignons
- 2 gousses d'ail
- 1 feuille de laurier
- 1 branche de thym
- 1 cuil. à café rase de sucre
- 2 cuil. à soupe d'huile d'olive
- poivre
- sel

1. Pelez les gousses d'ail et les oignons et hachez-les grossièrement. Lavez les tomates, ôtez-en le pédoncule et coupez chaque tomate en quartiers.
2. Faites chauffer l'huile dans une sauteuse et faites-y revenir ail et oignon à feu doux, en mélangeant avec une spatule, pendant 3 mn. Ajoutez les tomates, le thym, le laurier, le sucre, du sel et du poivre. Mélangez. Laissez cuire à feu modéré et à découvert pendant 30 mn, en remuant de temps en temps.
3. Au bout de ce temps, ôtez thym et laurier et passez le contenu de la sauteuse au moulin à légumes, grille moyenne.
4. Laissez refroidir la soupe.

☐ Vous pouvez servir cette soupe à température ambiante ou la mettre au réfrigérateur et la déguster bien glacée.

Potage au cresson ; soupe froide à la tomate.

Tourin toulousain
Toulouse

Pour 6 personnes
Préparation : 5 mn - Cuisson : 30 mn

- 6 gousses d'ail nouveau
- tranches de pain grillées
- 100 g de fromage râpé
- 3 œufs
- 50 g de graisse d'oie
- 1 bouquet garni : 1 feuille de laurier, 1 branche de thym, 2 branches de sauge
- sel, poivre

1. Pelez les gousses d'ail et hachez-les menu. Liez les éléments du bouquet garni. Versez 2 litres d'eau dans une casserole et portez à ébullition.
2. Faites fondre la graisse d'oie dans une cocotte, en terre de préférence, et faites-y revenir l'ail pendant 2 mn. Versez peu à peu l'eau bouillante dessus, puis ajoutez le bouquet garni, du sel et du poivre. Portez à ébullition et laissez cuire pendant 30 mn, à petits frémissements.
3. Pendant ce temps, cassez les œufs en séparant les blancs des jaunes. Battez les jaunes en omelette.
4. Au bout de 30 mn de cuisson, retirez le bouquet garni. Battez les blancs d'œufs à la fourchette jusqu'à ce qu'ils moussent, versez-les dans la cocotte en fouettant vivement à l'aide d'un fouet à main. Laissez cuire 1 mn. Versez 2 cuillerées à soupe de bouillon dans les jaunes battus, puis reversez le tout dans le bouillon, sans cesser de fouetter. Retirez du feu.
5. Mettez les tranches de pain dans une soupière, poudrez-les de fromage et versez-y la soupe bouillante. Dégustez le tourin tout chaud.

Soupe de poissons ;
Potage Crécy.

Potage Crécy

Picardie - Ile-de-France

Pour 6 personnes
Préparation : 10 mn - Cuisson : 45 mn

- 1 kg de petites carottes
- 2 oignons
- 100 g de riz long
- 100 g de crème fraîche épaisse
- 50 g de beurre
- sel, poivre

1. Pelez les carottes, lavez-les et coupez-les en rondelles. Pelez les oignons et émincez-les.

2. Faites fondre 25 g de beurre dans une cocotte et faites-y revenir les oignons à feu doux pendant 2 mn. Versez alors 2 litres d'eau et ajoutez les ca-rottes. Salez, poivrez. Portez à ébullition et laissez cuire à feu doux et à couvert pendant 30 mn, ou plus, jusqu'à ce que les carottes soient tendres.

3. Passez le contenu de la cocotte au moulin à légumes, grille fine, puis remettez le potage dans la cocotte. Portez à ébullition, puis versez le riz en pluie dans le potage. Laissez cuire pendant environ 20 mn, jusqu'à ce que le riz soit cuit.

4. Lorsque le potage est cuit, ajoutez-y la crème et le reste du beurre. Rectifiez l'assaisonnement.

5. Versez le potage dans une soupière et servez très chaud.

□ Le riz peut être remplacé par autant de pâtes à potage ou 250 g de pommes de terre. Dans ce cas, carottes et pommes de terre cuisent ensemble et le potage est passé au moulin en fin de cuisson.

Soupe de poissons

Provence

Pour 6 personnes
Préparation : 15 mn - Cuisson : 35 mn

- 1,5 kg de petits poissons de roche mélangés
- 4 tomates mûres à point
- 2 poireaux
- 1 poivron
- 2 oignons
- 4 gousses d'ail
- 1 feuille de laurier
- 1 branche de fenouil
- 1 branche de thym
- 3 tiges de persil
- 1 pincée de filaments de safran
- 4 cuil. à soupe d'huile d'olive
- sel, poivre

Pour servir :
- 200 g de vermicelle ou des tranches de baguette grillées
- 100 g de gruyère ou de parmesan râpé
- rouille (p. 13) (facultatif)

1. Ecaillez les poissons, passez-les sous l'eau courante et essuyez-les. Lavez les tomates et coupez-les en quartiers. Pelez les oignons et émincez-les. Otez la partie verte des poireaux ainsi que la première feuille et les racines ; lavez les poireaux et émincez-les. Lavez le poivron, coupez-le en quatre, ôtez-en les graines et les filaments blancs ; coupez chaque quartier en lanières. Pelez les gousses d'ail et hachez-les grossièrement.

2. Faites chauffer l'huile dans une cocotte et faites-y revenir oignons, ail, poivron et poireaux à feu doux pendant 2 mn, en remuant avec une spatule. Ajoutez les tomates et mélangez pendant 2 mn. Ajoutez ensuite le laurier, le fenouil, le thym, le safran, le persil et les poissons. Tournez pendant quelques secondes, puis couvrez et laissez cuire à feu doux pendant 10 mn.

3. Pendant ce temps, versez 2 litres d'eau dans une casserole et portez à ébullition. Lorsque le contenu de la cocotte a cuit 10 mn, versez-y l'eau peu à peu. Salez. Poivrez. Couvrez et laissez cuire à feu doux pendant 15 mn.

4. Au bout de ce temps, passez le contenu de la cocotte au tamis, en pressant bien pour extraire tout le suc des poissons. Rincez la cocotte et versez-y la soupe en la repassant dans une passoire fine. Portez-la à ébullition et, si vous voulez la servir avec du vermicelle, plongez-le dans la soupe bouillante et laissez-le cuire jusqu'à ce qu'il soit tendre.

5. Versez la soupe dans une soupière et servez-la toute chaude. Si vous l'accompagnez de pain grillé, vous pouvez le tartiner de rouille avant de le mettre dans les assiettes. Dans les deux cas, servez rouille et fromage à part.

☐ Vous pouvez aussi ailler les tranches de pain grillé. Cette soupe se prépare à Marseille et dans sa région. On y ajoute quelquefois des petits crabes (les favouilles) au moment de réchauffer la soupe ; il faut 2 mn de cuisson. Vous les dégusterez avant ou après le bouillon.

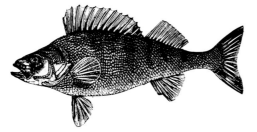

Soupe au pistou

Provence - Côte d'Azur

Pour 6 personnes
Préparation : 20 mn - Cuisson : 1 h 10

- 500 g de haricots blancs frais à écosser
- 500 g de haricots rouges frais à écosser
- 125 g de haricots mange-tout
- 250 g de pommes de terre
- 250 g de fèves fraîches
- 250 g de petites courgettes
- 250 g de tomates mûres à point
- 2 oignons
- 1 branche de basilic
- 2 gousses d'ail
- 100 g de vermicelle ou de coquillettes
- sel

Pour le pistou :
- 1 gros bouquet de basilic
- 4 gousses d'ail nouveau
- 3 grosses tomates mûres à point
- 1 dl d'huile d'olive
- sel

Pour servir :
- 150 g de gruyère ou de parmesan râpé

1. Ecossez les haricots et les fèves. Otez le petit chapeau qui recouvre les fèves. Equeutez les mange-tout, lavez-les et égouttez-les. Lavez les courgettes, ôtez-en les deux extrémités et coupez chaque courgette en quatre dans le sens de la longueur, puis en morceaux de 1 cm. Ecrasez les gousses d'ail d'un coup sec du plat de la main, sans les peler. Lavez la branche de basilic. Pelez les oignons et hachez-les grossièrement. Pelez les pommes de terre, lavez-les et coupez-les en cubes de 1 cm de côté.

2. Plongez les tomates pendant quelques secondes dans de l'eau bouillante, puis passez-les sous l'eau courante pour les rafraîchir. Pelez-les, coupez-les en deux et pressez-les pour en éliminer les graines. Hachez grossièrement la pulpe des tomates.

3. Mettez tous les légumes, l'ail et le basilic dans une grande marmite et couvrez-les largement d'eau froide. Posez la marmite sur feu vif, portez à ébullition, salez, couvrez et laissez cuire pendant 1 h à petits frémissements.

4. Pendant ce temps, préparez le pistou : plongez les tomates pendant quelques secondes dans de l'eau bouillante, rafraîchissez-les sous l'eau courante, pelez-les, coupez-les en deux et pressez-les pour en éliminer les graines. Réservez la pulpe. Pelez les gousses d'ail. Lavez le bouquet de basilic, éliminez-en les tiges et essorez les feuilles dans du papier absorbant.

5. Mettez dans un mortier l'ail, le basilic et 1 pincée de sel. Ecrasez le tout au pilon, jusqu'à ce que vous obteniez une pâte. Ajoutez-y alors les tomates et pilez-les. Versez l'huile en mince filet, sans cesser de piler : vous obtenez une crème lisse et parfumée, le pistou.

6. Lorsque la soupe a cuit 1 h, ajoutez-y les pâtes et laissez-les cuire jusqu'à ce qu'elles soient tendres. Otez ensuite la branche de basilic et les gousses d'ail. Versez 2 cuillerées à soupe de bouillon dans le pistou et mélangez.

7. Versez la soupe dans une soupière, puis ajoutez-y le pistou. Mélangez bien. Servez la soupe très chaude avec le fromage à part.

☐ Pistou ne signifie pas basilic en provençal, mais « pilé » — tout comme en italien « pesto » —. Le pistou se fait traditionnellement dans un mortier de marbre ou de bois d'olivier.

potage Crécy est-il ...inaire de Picardie ou ...e-de-France ? Il existe ...x Crécy : ...cy-en-Ponthieu, petit ...age de la Somme, ...bre pour la bataille où ...lippe de Valois fut ...u par Edouard III ...ngleterre, et ...cy-en-Brie, à la limite ...'Ile-de-France et de la ...mpagne, connu pour ...arottes qui y sont ...ivées.

Les hors-d'œuvre

Les hors-d'œuvre, les salades, les entrées en un mot, chaudes ou froides, tout comme les soupes, ouvrent un repas... et l'appétit. Accordez donc un soin tout particulier à leur présentation : une « salade niçoise » (p. 36) attrayante et colorée ou une « flamiche aux poireaux » (p. 27) dorée à souhait mettront l'eau à la bouche de vos invités.

Au XVIIIe siècle, le mot « hors-d'œuvre » désignait tous les plats servis en dehors de la salle à manger, avant de commencer un repas proprement dit. Ils étaient un peu l'équivalent de nos apéritifs. Aujourd'hui, le terme a légèrement évolué : un hors-d'œuvre se sert toujours à table, qu'il s'agisse d'un extraordinaire « soufflé au fromage » (p. 34) ou d'une rustique « tarte à l'oignon » (p. 28).

Le mot « salade » vient du latin « herba salata » (herbe salée) qui désignait les légumes frais dégustés crus à la croque-au-sel. Les salades d'aujourd'hui sont différentes, bien que nous consommions toujours des crudités, accompagnées de sauces diverses (p. 38-39).

Les salades composées sont servies en entrée, sauf la salade verte assaisonnée de vinaigrette qui peut être dégustée après un plat principal, juste avant le fromage. Cette salade verte toute simple est cependant considérée comme une entrée dans tout le Midi de la France.

Le point fort d'une salade reste l'assaisonnement ; respectez quelques règles pour sa préparation. L'huile doit être d'une qualité exceptionnelle ; le vinaigre ne doit en aucun cas masquer le goût de l'huile et la saveur des ingrédients, il doit juste apporter la petite note stimulante si importante. Enfin, une salade doit être bien mélangée afin que la sauce enrobe tous les ingrédients ; mais cette opération doit toujours être réalisée au tout dernier moment, en particulier s'il s'agit d'une salade verte.

Choisissez hors-d'œuvre et salades en accord avec les saisons ; des crudités seront excellentes au printemps et en été, période de légumes nouveaux tout frais. Les tartes, tourtes et quiches conviennent, elles, à toutes les saisons, car elles sont particulièrement exquises lorsqu'elles sont servies tièdes.

Pissaladière
Côte d'Azur

Pour 6 personnes
Préparation : 20 mn - Cuisson : 1 h 30

- 500 g de pâte à pain (p. 17)
- 2 kg de gros oignons doux
- 4 gousses d'ail
- 125 g d'olives de Nice
- 12 filets d'anchois à l'huile
- 6 cuil. à soupe d'huile d'olive

1. Pelez les oignons et émincez-les finement. Pe[l] les gousses d'ail et hachez-les menu.

2. Faites chauffer 4 cuillerées à soupe d'hu[ile] dans une sauteuse. Faites-y revenir l'ail et l'oign[on] à feu doux pendant 10 mn en remuant avec u[ne] spatule, puis couvrez et laissez cuire pendant e[n]core 50 mn, en remuant souvent et en ajoutant [

Flamiche aux poireaux
Picardie

Pour 6 personnes
Préparation : 20 mn - Cuisson : 1 h 15

- 350 g de pâte brisée (p. 18)
- 10 g de beurre
Pour la garniture :
- 500 g de blancs de poireaux
- 3 jaunes d'œufs
- 100 g de crème fraîche épaisse
- 50 g de beurre
- noix muscade
- sel, poivre
Pour dorer la pâte :
- 1 jaune d'œuf

1. Nettoyez les blancs de poireaux et coupez-les en fines rondelles. Faites fondre le beurre dans une sauteuse et faites-y revenir les poireaux à feu doux pendant 30 mn, en remuant souvent. Salez, poivrez et couvrez pendant la cuisson.

2. Pendant ce temps, divisez la pâte en deux parties inégales : 2/3 et 1/3. Abaissez-en les 2/3. Beurrez un moule à manqué de 20 cm de diamètre et garnissez-le de la plus grande partie de la pâte, en la laissant déborder de 1 cm.

3. Lorsque les poireaux sont cuits, retirez-les du feu et laissez-les légèrement tiédir. Mettez les jaunes d'œufs dans une terrine, battez-les à la fourchette en y incorporant la crème et ajoutez-y de la noix muscade. Lorsque les poireaux sont tièdes, ajoutez-les dans la terrine et mélangez.

4. Allumez le four, thermostat 6 (200°). Versez le contenu de la terrine dans le moule garni de pâte. Humectez le tour de la pâte. Etalez la seconde partie de la pâte et posez-la sur la garniture. Appuyez le tour du couvercle sur le tour de la pâte pour les souder entre eux et roulez la pâte qui déborde en appuyant bien.

5. Mettez le jaune d'œuf prévu pour dorer la pâte dans un bol, ajoutez-y 1 cuillerée à soupe d'eau, mélangez et badigeonnez la surface de la flamiche de cette préparation à l'aide d'un pinceau. Faites un petit trou au centre du couvercle de pâte et maintenez-le ouvert à l'aide d'un petit carton roulé.

6. Glissez le moule au four et laissez cuire pendant environ 40 mn, jusqu'à ce que le dessus de la flamiche soit doré.

7. Servez la flamiche toute chaude dans son moule.

◻ Vous pouvez préparer la flamiche avec de la pâte feuilletée ; dans ce cas, mettez-la dans un moule humide et non beurré et laissez cuire la flamiche au four, thermostat 7 (230°). Vous pouvez décorer la surface de la flamiche de chutes de pâte ou en traçant des dessins à la fourchette.

Flamiche aux poireaux.

peu d'eau si la préparation a tendance à sécher.

3. 20 mn avant la fin de la cuisson des oignons, allumez le four, thermostat 7 (230°). Egouttez les filets d'anchois.

4. Huilez légèrement la plaque du four ou un grand plat rectangulaire. Etalez la pâte à l'aide de vos mains dans le plat ou sur la plaque.

5. Lorsque les oignons sont cuits, étalez-les sur la pâte. Décorez de filets d'anchois et d'olives. Salez peu, poivrez et arrosez du reste de l'huile. Glissez la pissaladière au four et laissez-la cuire pendant 30 mn.

6. Dégustez la pissaladière chaude ou froide.

◻ Préparation de la région de Nice, la pissaladière — ou pissaladièra — doit son nom au pissala, purée épicée de petits poissons conservée dans de la saumure. Si l'on peut se procurer cette purée, on la mélange aux oignons cuits avant de mettre ceux-ci sur la pâte. Dans ce cas, on supprime les anchois.

Quiche tourangelle

Touraine

Pour 6 personnes
Préparation : 20 mn - Cuisson : 35 mn

- *250 g de pâte brisée (p. 18)*
- *200 g de rillettes de votre choix*
- *1 gros bouquet de persil plat*
- *4 œufs*
- *2 dl de lait*
- *100 g de crème fraîche épaisse*
- *10 g de beurre*
- *sel, poivre*

1. Allumez le four, thermostat 7 (230°). Beurrez un moule à quiche de 24 cm de diamètre. Abaissez la pâte au rouleau à pâtisserie et garnissez-en le moule. Piquez-en le fond de quelques coups de fourchette.

2. Lavez le persil, essorez-le, ôtez-en les tiges et ciselez-en les feuilles. Cassez les œufs dans une terrine et battez-les à la fourchette en y incorporant le lait et la crème. Salez, poivrez, puis ajoutez le persil ciselé.

3. Défaites les rillettes à la fourchette et répartissez-les dans le moule garni de pâte. Versez-y délicatement le contenu de la terrine.

4. Glissez le moule au four et laissez cuire la quiche pendant 35 mn, jusqu'à ce que la surface de la quiche soit bien dorée.

5. Lorsque la quiche est cuite, retirez le moule du four, démoulez la quiche, posez-la sur un plat de service et laissez-la reposer pendant 10 mn avant de la déguster.

Tarte à l'oignon

Alsace - Lorraine

Pour 6 personnes
Préparation : 20 mn - Cuisson : 55 mn

- *250 g de pâte brisée (p. 18)*
- *1 kg de gros oignons*
- *50 g de beurre*
- *200 g de crème fraîche épaisse*
- *2 dl de lait*
- *2 œufs entiers + 2 jaunes*
- *noix muscade*
- *poivre*
- *sel*

1. Pelez les oignons et émincez-les. Faites fondre 40 g de beurre dans une sauteuse et faites-y revenir les oignons à feu doux sans les laisser prendre couleur, pendant 20 mn environ. Ils doivent être très tendres. Mélangez souvent pendant la cuisson.

2. Pendant ce temps, beurrez avec le reste de beurre un moule à quiche de 24 cm de diamètre. Abaissez la pâte au rouleau à pâtisserie et garnissez-en le moule. Piquez le fond de quelques coups de fourchette. Mettez le moule au réfrigérateur.

3. Cassez les œufs entiers dans une terrine, ajoutez-y les jaunes d'œufs, du sel, du poivre et de la noix muscade râpée. Battez à l'aide d'une fourchette en incorporant le lait et la crème fraîche.

4. Allumez le four, thermostat 7 (230°). Lorsque les oignons sont cuits, retirez-les du feu. Salez et poivrez légèrement les oignons et garnissez-en le moule. Versez dessus le contenu de la terrine avec précaution pour ne pas les déplacer.

5. Glissez le moule au four et laissez cuire la tarte pendant environ 35 mn, jusqu'à ce que le dessus soit bien doré.

6. Lorsque la tarte est cuite, retirez-la du four, démoulez-la, posez-la sur un plat de service et dégustez tout chaud.

Ci-contre : Tarte à l'oignon ; ci-dessous : Quiche tourangelle.

Gâteau de foies blonds de volaille

Lyonnais

Pour 6 personnes
Préparation : 15 mn - Cuisson : 45 mn

- *750 g de foies blonds de volaille*
- *100 g de crème fraîche épaisse*
- *1/2 litre de lait*
- *6 œufs entiers + 4 jaunes*
- *1 petite gousse d'ail*
- *4 brins de persil plat*
- *10 g de beurre*
- *noix muscade*
- *sel, poivre*

1. Allumez le four, thermostat 5 (170°). Otez la partie verdâtre et les petits vaisseaux des foies de volaille. Pelez la gousse d'ail et hachez-la menu. Lavez le persil, essorez-le, ôtez-en les tiges et ciselez-les feuilles.

2. Passez les foies de volaille au tamis au-dessus d'une terrine. Ajoutez-y l'ail et le persil, puis versez le lait en battant à l'aide d'un fouet à main. Incorporez ensuite la crème, les œufs entiers et les jaunes.

Quiche lorraine

Lorraine

Pour 6 personnes
Préparation : 20 mn - Cuisson : 35 mn

- *250 g de pâte brisée (p. 18)*
- *150 g de lard de poitrine fumé en fines tranches*
- *2 œufs*
- *250 g de crème fraîche épaisse*
- *50 g de beurre*
- *noix muscade*
- *poivre*
- *sel*

1. Allumez le four, thermostat 7 (230°). Abaissez la pâte au rouleau à pâtisserie. Beurrez, avec une noix de beurre prélevée sur la quantité indiquée, un moule à quiche de 24 cm de diamètre. Garnissez-le de pâte et piquez-en le fond de quelques coups de fourchette. Mettez le moule au réfrigérateur.

2. Otez la couenne du lard et coupez-le en petits carrés. Faites bouillir de l'eau dans une petite casserole, plongez-y les morceaux de lard, laissez-les frémir pendant 1 mn, puis égouttez-les. Faites fondre 20 g de beurre dans une poêle et faites-y dorer les morceaux de lard, en les retournant avec une spatule en bois. Egouttez-les.

3. Cassez les œufs dans une terrine et battez-les à l'aide d'une fourchette en y incorporant la crème. Ajoutez-y du sel, beaucoup de poivre et de noix muscade râpée.

4. Sortez le moule du réfrigérateur. Rangez sur le fond de pâte, en les alternant, les lardons et le reste du beurre en noisettes. Versez le mélange crème-œufs dessus.

5. Glissez le moule au four et laissez cuire la quiche pendant environ 30 mn, jusqu'à ce qu'elle soit bien dorée et gonflée.

6. Dès que la quiche est cuite, démoulez-la et posez-la sur un plat de service. Servez chaud.

Salez, poivrez et ajoutez quelques pincées de noix muscade râpée.

3. Beurrez un moule à charlotte de 20 cm de diamètre et versez-y la préparation. Posez le moule dans un bain-marie et glissez-le au four. Laissez cuire pendant 45 mn, jusqu'à ce que la surface du gâteau soit ferme sous la pression du doigt.

4. Au bout de 45 mn de cuisson, retirez le moule du four. Démoulez le gâteau sur un plat de service et dégustez chaud.

Accompagnez ce gâteau de foies de volaille d'une sauce tomate.

La quiche, qui s'écrit aussi kiche, viendrait de l'alsacien « küchen », gateau. En Lorraine, on appelle « migaine » (autrefois « meurotte ») le mélange d'œufs et de crème fraîche qui entre dans sa composition.
On peut ajouter à cette migaine, selon les régions, du lait et du fromage.

Rillettes de porc

Touraine

Pour 15 personnes
Préparation : 30 mn - Cuisson : 6 h 45

- 2 kg de poitrine de porc fraîche
- 250 g de panne fraîche
- 4 échalotes
- 3 clous de girofle
- 2 branches de thym
- 1 feuille de laurier
- 1 gousse d'ail
- 1/2 cuil. à café de quatre-épices
- 1/2 cuil. à café de piment de Cayenne
- 1 cuil. à soupe de sel fin

1. Pelez les échalotes et coupez-les en quatre. Mettez-les dans une mousseline, ajoutez-y les clous de girofle, la gousse d'ail entière non pelée et écrasée d'un coup sec du plat de la main, les branches de thym et la feuille de laurier, émiettées entre vos doigts. Refermez la mousseline et faites-en un petit sachet ; nouez-le avec du fil de cuisine.

2. Otez la couenne de la poitrine et, éventuellement, les os. Coupez la viande en lardons de 4 cm de côté.

3. Faites fondre 100 g de panne dans une grande cocotte sur feu doux. Faites-y revenir les lardons à feu modéré, jusqu'à ce qu'ils soient dorés de tous côtés. Retirez-les ensuite avec une écumoire. Passez la graisse qu'ils ont rendue pendant la cuisson dans une passoire doublée d'une mousseline, au-dessus d'une terrine.

4. Remettez les lardons dans la cocotte, ajoutez le sachet d'aromates et 2,5 dl d'eau froide. Posez la cocotte sur feu très doux, couvrez et laissez cuire pendant 6 h à petits frémissements. Mélangez fréquemment avec une cuillère en bois et ajoutez un peu d'eau de temps en temps dans la cocotte si la préparation a tendance à trop se dessécher.

5. Au bout de 6 h de cuisson, retirez le sachet d'aromates, ajoutez sel, quatre-épices et piment de Cayenne. Mélangez et laissez cuire pendant encore 30 mn. Laissez ensuite tiédir.

6. Lorsque la préparation est tiède, retirez les morceaux de viande de la cocotte et écrasez-les à l'aide de deux fourchettes en y incorporant la panne réservée dans la terrine.

7. Mettez les rillettes dans plusieurs pots de grès ou dans des petits bocaux de verre. Tassez bien pour éviter les poches d'air qui risqueraient de gâcher les rillettes. Faites fondre le reste de panne dans une petite casserole sur feu doux, puis versez-le sur les rillettes de façon à les recouvrir uniformément. Laissez refroidir la couche de panne, couvrez de papier sulfurisé et mettez les rillettes au réfrigérateur. Vous les conserverez pendant 1 mois.

☐ Il est préférable de faire plusieurs petites terrines de rillettes car, une fois entamées, les rillettes ne se conserveront que quelques jours.

Dégustez ces rillettes avec des cornichons, de la baguette fraîche bien croquante ou des tranches de pain de campagne, nature ou grillées. N'ajoutez pas de beurre ! Les rillettes sont suffisamment grasses et le beurre tuerait leur goût.

Les rillettes que nous vous proposons ici sont typiquement tourangelles. Traditionnellement, au bout de 1 h de cuisson, on retire les morceaux de viande qui sont encore entiers et on les déguste tièdes ; ce

sont les « rillons ». Il ne faut pas les confondre avec les « rillauds » ou « rilleaux » d'Anjou qui sont des morceaux de lard frais plongés dans la graisse de porc brûlante et dégustés tout chauds et dorés avec un verre de vin blanc bien frais.

Qu'elles soient du Mans, de Tours ou d'Angers, les rillettes sont le plus souvent à base d'un mélange de porc — gras et maigre —, de panne et d'épices. Mais on prépare aussi des rillettes d'oie soit à base d'oie et d'épices, soit à base d'une quantité égale d'oie et de viande de porc gras et maigre et d'épices.

Enfin, à Orléans, on prépare des rillettes de lapin de garenne qui sont servies, en saison, avec des cerneaux de noix fraîches.

*Rillettes de porc ;
Terrine de lapin aux
pruneaux.*

Terrine de lapin aux pruneaux

Pays de Loire

Pour 6 personnes
Préparation : 45 mn - Marinade : 24 h
Cuisson : 3 h 30 - Réfrigération : 24 h

- 1 lapin de garenne de 1,5 kg
- 250 g de chair à saucisse
- 20 pruneaux
- 1 œuf
- 4 cuil. à soupe de vieux marc
- 4 pincées de quatre-épices
- bardes de lard
- poivre
- sel

Pour la marinade :
- 1/2 litre de vin rouge de Chinon
- 1 dl de vieux marc
- 1 oignon
- 1 carotte
- 1 gousse d'ail
- 2 clous de girofle
- 2 branches de thym
- 3 feuilles de laurier
- 10 grains de poivre

1. 24 h avant la cuisson de la terrine, préparez la marinade : pelez l'oignon et coupez-le en rondelles. Pelez l'ail et écrasez-le. Pelez la carotte, lavez-la, coupez-la en rondelles. Versez le vin et le marc dans une jatte, mélangez, puis retirez-en 2 dl et mettez-les dans un bol. Ajoutez dans la terrine la carotte, l'oignon, les clous de girofle, les branches de thym, le laurier, l'ail et les grains de poivre.

2. Dénoyautez les pruneaux et mettez-les dans le bol contenant une partie du mélange vin-marc.

3. Désossez le lapin et prélevez les râbles. Coupez-les en fines tranches. Coupez tout le reste de la chair en tout petits dés. Mettez les tranches de râble et les dés dans la jatte. Mélangez.

4. Couvrez le bol contenant les pruneaux et la jatte contenant la viande. Laissez mariner le tout pendant 24 h, en mettant la jatte au réfrigérateur.

5. 24 h plus tard, allumez le four, thermostat 7 (230°). Etalez des bardes de lard dans le fond et contre les parois d'une terrine allant au four, en les laissant dépasser.

6. Egouttez la viande. Réservez les tranches de râble et passez le reste au hachoir à viande ou hachez-le au couteau. Conservez le thym et le laurier. Jetez le reste de la marinade. Cassez l'œuf et battez-le à la fourchette. Egouttez les pruneaux.

7. Mettez la viande hachée et la chair à saucisse dans la jatte. Ajoutez-y l'œuf, le marc, du sel, du poivre et le quatre-épices. Mélangez bien.

8. Etalez 1/3 de la préparation dans la terrine, puis la moitié des tranches de râble et 10 pruneaux. Etalez le deuxième tiers de la préparation, le reste des tranches de râble et les 10 autres pruneaux. Couvrez avec le reste de la préparation et lissez le dessus à la fourchette. Rabattez les bardes de lard et posez thym et laurier sur les bardes.

9. Fermez la terrine et posez-la dans un bain-marie. Glissez le tout au four et laissez cuire pendant 3 h 30.

10. Au bout de ce temps, retirez la terrine du four et du bain-marie. Otez le couvercle et laissez reposer pendant 10 mn. Posez ensuite une planchette sur la terrine, puis un poids et laissez refroidir. Laissez reposer 24 h au frais avant de servir.

Escargots à la sauce aux anchois

Corse

Pour 4 personnes
Préparation : 15 mn - Cuisson : 40 mn

- 4 douzaines d'escargots
- 2 gros oignons
- 3 anchois au sel
- 250 g de tomates
- 2 cuil. à soupe d'huile d'olive
- 2 pincées de sucre
- poivre
- sel

1. Après avoir fait cuire les escargots au court-bouillon, égouttez-les et remettez-les dans leur coquille. Pelez les oignons et émincez-les. Passez les anchois sous l'eau courante en les frottant bien afin d'en éliminer tout le sel, puis ôtez-en l'arête centrale et hachez grossièrement la chair au couteau.

2. Plongez les tomates quelques secondes dans de l'eau bouillante, puis rafraîchissez-les sous l'eau courante, pelez-les, coupez-les en deux, pressez-les pour en éliminer les graines et hachez grossièrement la pulpe.

3. Faites chauffer l'huile dans une sauteuse et faites-y revenir les oignons à feu doux pendant 2 mn ; ajoutez-y alors les anchois et mélangez jusqu'à ce qu'ils soient fondus. Versez la pulpe de tomate, remuez, puis mettez les escargots dans la sauteuse. Salez, poivrez légèrement et sucrez. Couvrez et laissez mijoter les escargots dans la sauce pendant 30 mn.

4. Servez les escargots très chauds.

Omelette aux cèpes

Périgord

Pour 4 personnes
Préparation et cuisson : 30 mn

- 500 g de cèpes frais
- 9 œufs
- 1 gousse d'ail
- 6 brins de persil plat
- 25 g de graisse d'oie
- 25 g de beurre
- 1 cuil. à soupe d'huile d'arachide
- poivre
- sel

1. Essuyez les cèpes à l'aide d'un linge et ôtez la partie terreuse des pieds des champignons. Emincez les champignons. Pelez la gousse d'ail et hachez-la menu. Lavez le persil, ôtez les tiges et essorez les feuilles, ciselez-les.

2. Faites fondre la graisse d'oie dans une poêle et faites-y revenir les cèpes à feu modéré, en remuant de temps en temps avec une spatule, jusqu'à ce qu'ils soient dorés et que toute l'eau des champignons se soit évaporée. Poudrez-les alors d'ail et de persil, de sel et de poivre. Mélangez pendant 30 secondes, puis retirez la poêle du feu.

3. Cassez les œufs dans une terrine et battez-les à la fourchette. Versez-y les champignons. Essuyez la poêle à l'aide d'un papier absorbant et mettez-y l'huile. Posez la poêle sur feu doux, ajoutez-y le beurre. Dès qu'il est fondu, versez les œufs aux cèpes dans la poêle. Laissez cuire l'omelette en remuant avec la spatule jusqu'à ce que les œufs soient pris.

4. Faites glisser l'omelette sur un plat de service et servez-la toute chaude.

Escargots à la bourguignonne

Bourgogne

Pour 4 personnes
Préparation et cuisson : 20 mn

- 4 douzaines d'escargots
- 250 g de beurre
- 3 gousses d'ail
- 1 gros bouquet de persil plat
- gros sel
- sel, poivre

1. Allumez le four, thermostat 8 (250°). Pelez les gousses d'ail et hachez-les menu. Lavez le persil, essorez-le, ôtez-en les tiges et ciselez finement les feuilles.

2. Après avoir fait cuire les escargots au court-bouillon, égouttez-les et remettez-les dans leur coquille. Travaillez le beurre dans une terrine jusqu'à ce qu'il soit moelleux, salez, poivrez et incorporez-y ail et persil.

3. Emplissez les coquilles de beurre parfumé et posez-les dans des plats à escargots ou sur un grand plat à four tapissé de gros sel ; ainsi le beurre en fondant ne s'écoulera pas dans le fond du plat.

4. Glissez le plat au four et laissez cuire pendant 5 mn, jusqu'à ce que le beurre soit fondu et les escargots très chauds. Servez sans attendre.

Matafam

Franche-Comté

Pour 4 personnes
Préparation 10 mn - Repos : 30 mn
Cuisson : 15 mn

- 100 g de farine
- 4 œufs
- 2 dl de lait
- 2 échalotes
- 100 g de beurre
- sel, poivre

1. Tamisez la farine au-dessus d'une terrine, faites un puits au centre et cassez-y les œufs. Mélangez avec une spatule en incorporant peu à peu les œufs. Ajoutez du sel, du poivre et le lait. Battez alors au fouet à main, jusqu'à ce que vous obteniez une préparation lisse. Laissez reposer pendant 30 mn.

2. Pelez les échalotes et hachez-les menu.

3. Lorsque la pâte a reposé 30 mn, ajoutez-y les échalotes et mélangez.

4. Faites fondre la moitié du beurre dans une poêle de 26 cm de diamètre. Versez-y la pâte. Couvrez et laissez cuire pendant 5 mn à feu doux. Retournez alors la crêpe sur une assiette, ajoutez le reste du beurre dans la poêle et faites-y glisser la crêpe. Faites-la cuire sur cette face pendant 8 mn, toujours à feu doux et à couvert.

5. Lorsque le matafam est cuit, faites-le glisser sur un plat de service et servez très chaud.

☐ Vous pouvez enrichir cette crêpe de fromage râpé - comté ou gruyère - ou de lardons ou cubes de jambon. En Savoie, on y ajoute des pommes de terre crues râpées.

Escargots à la bourguignonne ; Omelette aux cèpes.

Grenouilles au gratin

Lorraine

Pour 4 personnes
Préparation : 10 mn - Cuisson : 15 mn

24 cuisses de enouilles	• 3 échalotes
150 g de mie de pain anc rassis	• 10 brins de persil plat
	• 50 g de beurre
	• sel, poivre

1. Allumez le four, thermostat 8 (250°). Pelez les halotes et hachez-les menu. Lavez le persil, esso-z-le, ôtez-en les tiges et ciselez finement les uilles.

2. Passez la mie de pain à la moulinette électri-ue afin de la réduire en une poudre épaisse. Met-z-la dans une assiette creuse, ajoutez-y le persil, les échalotes, du sel et du poivre. Mélangez bien.

3. Beurrez avec une noix de beurre un plat allant au four. Passez les cuisses de grenouille dans la préparation à base de mie de pain, en appuyant bien pour la faire adhérer. Mettez les cuisses de grenouille dans le plat beurré. Parsemez-les avec le reste de la préparation, et le reste du beurre en noisettes.

4. Glissez le plat au four et laissez cuire pendant 15 mn environ, jusqu'à ce que la surface du plat soit bien dorée. Servez brûlant.

◻ Au matin du 13 novembre 1821, les habitants de Metz eurent la surprise de voir les rues de leur ville envahies par... des grenouilles! Elles s'étaient échappées d'un réservoir mal fermé. Cette recette aurait été créée à cette époque, et c'est la ville de Boulay (sous-préfecture de la Moselle, célèbre pour ses macarons) qui perpétua la recette.

« Il existe au moins vingt façon d'accommoder les escargots. En grillade, par exemple : on les fait rôtir comme des marrons, et on les sert assortis d'une sauce au vin. Nous pouvons aussi les monter en escalopes avec force épices, ail, poivre, piment... » C'est ainsi que s'exprimait Anacréon, grand cuisinier, qui inventa pour Talleyrand et son invité l'empereur Alexandre 1er de Russie, les « escargots à la bourguignonne ».

incorporez en même temps le fromage par gross[e]
poignées.

6. Versez la préparation dans le moule : elle d[oit]
le remplir aux trois quarts. Mettez au four et laiss[ez]
cuire pendant 30 mn environ jusqu'à ce que le so[uf]
flé soit gonflé et doré.

7. Portez le soufflé à table sans attendre.

Salade de moules aux haricots blancs
Normandie

Pour 6 personnes
Préparation : 15 mn - Trempage : 5 h
Cuisson : 2 h 10

- 125 g de haricots blancs secs
- 2 litres de moules
- 2 tomates mûres à point
- 3 cuil. à soupe de crème fraîche épaisse
- 3 cuil. à soupe d'huile
- 1 oignon
- 1 gousse d'ail
- 1 clou de girofle
- 1 cuil. à soupe de vinaigre
- 1 bouquet garni : 1 feuille de laurier, branche de thym, 6 tiges de persil
- sel, poivre

1. 5 h avant de commencer la cuisson des ha[ri]
cots, mettez ceux-ci dans une terrine, couvrez-[les]
largement d'eau froide et laissez-les tremper.

2. Après 5 h de trempage, pelez l'oignon et [pi]
quez-le du clou de girofle. Liez les éléments du bo[u]
quet garni. Pelez la gousse d'ail et écrasez-la d'[un]
coup sec du plat de la main.

3. Egouttez les haricots et jetez l'eau de trempa[ge.]
Mettez-les dans une marmite, couvrez-les largeme[nt]
d'eau froide, ajoutez l'ail, l'oignon et le bouquet ga[r]
ni. Portez à ébullition, couvrez et laissez mijoter pe[n]
dant 2 h, en vérifiant de temps en temps le nive[au]
d'eau.

4. Au bout de 2 h de cuisson, salez, ôtez le bo[u]
quet garni, l'ail et l'oignon. Laissez tiédir les harico[ts]
dans leur jus de cuisson.

5. Grattez les moules, ébarbez-les et lavez-[les]
sous l'eau courante. Mettez-les dans une marmi[te,]
couvrez et posez la marmite sur feu vif. Laissez cu[ire]
pendant 3 à 4 mn en secouant la marmite de tem[ps]
en temps.

6. Lorsque toutes les moules sont ouvertes, retir[ez]
la marmite du feu et laissez tiédir les moules.

7. Mettez le vinaigre dans un bol, salez peu, p[oi]
vrez abondamment et battez à la fourchette en i[n]
corporant l'huile, puis la crème. Lavez les tomates[,]
coupez-les en fines tranches.

8. Lorsque les haricots sont tièdes, égouttez-les [et]
mettez-les dans un plat creux. Sortez les moules d[es]
coquilles et ajoutez-les dans le plat. Versez la sau[ce]
et mélangez délicatement. Décorez de tranches [de]
tomate et servez cette salade encore tiède.

Réussir un soufflé — qu'il soit salé ou sucré — demande un peu d'attention et de doigté. Il faut que la consistance finale du soufflé, lorsque les convives le dégusteront, soit parfaite : d'aspect, il doit être gonflé, doré et croustillant sur la surface, et l'intérieur doit être moelleux. Pour cela, il faut un savant dosage : trop de blancs d'œufs ? le soufflé deviendra insipide ; trop de farine ? le soufflé sera lourd ; des blancs en neige trop battus, trop fermes ? la pâte en sera alourdie. Il faut aussi remplir le moule aux trois quarts, pas plus, sinon la pâte risquerait de déborder en cuisant ; pas moins, sinon le soufflé ne pourrait monter convenablement. Enfin, le four ne doit être ni trop chaud ni trop doux. La chaleur doit être moyenne pour permettre au soufflé de monter lentement tout en cuisant à l'intérieur.

Soufflé au fromage
Ile-de-France

Pour 3-4 personnes
Préparation : 20 mn - Cuisson : 30 mn

- 100 g de fromage finement râpé : gruyère, comté ou beaufort
- 40 g de beurre
- 40 g de farine
- 1/4 de litre de lait
- 3 œufs + 1 blanc
- 1 cuil. à soupe de crème fraîche épaisse
- 2 pincées de noix muscade
- sel, poivre
Pour le moule :
- 25 g de beurre mou

1. Allumez le four, thermostat 7 (230°). Beurrez un moule à soufflé de 16 cm de diamètre.

2. Faites bouillir le lait dans une petite casserole. Cassez les œufs en séparant les blancs des jaunes. Réservez les jaunes dans leur demi-coquille. Mettez tous les blancs dans une terrine et saupoudrez-les de 2 pincées de sel.

3. Faites fondre le beurre dans une casserole, ajoutez la farine en pluie et laissez cuire 1 mn sans cesser de tourner avec une spatule. Versez le lait en mince filet, sans cesser de remuer, puis laissez épaissir la préparation sur feu doux pendant environ 5 mn en tournant sans arrêt.

4. Lorsque la préparation a la consistance d'une crème épaisse, retirez la casserole du feu et incorporez-y les jaunes d'œufs, un à un, en battant avec un fouet à main. Ajoutez la crème fraîche. Salez, poivrez et ajoutez 2 pincées de noix muscade râpée.

5. Battez les blancs d'œufs en neige pas trop ferme. Ajoutez 1/4 des blancs dans la casserole et mélangez vivement au fouet, puis versez le contenu de la casserole dans la terrine contenant le reste des blancs. Mélangez délicatement avec la spatule en soulevant la préparation plutôt qu'en la tournant et

Saucisson chaud, pommes à l'huile

Lyonnais

Pour 6 personnes
Préparation et cuisson : 1 h

1 saucisson à cuire
1 kg de pommes de
terre à chair ferme
1 dl de vin blanc sec
1 cuil. à soupe de
persil ciselé

● 1 cuil. à soupe de
ciboulette ciselée
● 1 dl d'huile
● 2 cuil. à soupe de
vinaigre de cidre
● sel

1. Lavez les pommes de terre, mettez-les dans une grande casserole, couvrez-les d'eau froide, portez à ébullition, salez et faites cuire à petits bouillons pendant 20 à 30 mn, jusqu'à ce qu'une lame de couteau pénètre facilement la chair des pommes de terre.

2. Piquez le saucisson avec les dents d'une fourchette pour éviter que sa peau n'éclate pendant la cuisson. Faites bouillir de l'eau dans une casserole, plongez-y le saucisson et faites-le pocher 20 mn. Egouttez-le et laissez-le tiédir.

3. Lorsque les pommes de terre sont cuites, laissez-les tiédir, puis ôtez-en la peau. Coupez-les en rondelles de 1 cm d'épaisseur et mettez-les dans une grande poêle. Arrosez-les de vin, de vinaigre et d'huile, mélangez délicatement et posez la poêle sur un feu très doux en insérant un diffuseur de chaleur entre la poêle et la flamme. Couvrez.

4. Otez la peau du saucisson, découpez-le en tranches de 1 cm et disposez-les sur un plat de service. Lorsque les pommes de terre sont chaudes, mettez-les dans un saladier, poudrez-les de persil et de ciboulette, mélangez délicatement et servez.

Ci-contre : Soufflé au fromage.
Ci-dessous : Saucisson chaud, pommes à l'huile ; Salade de moules aux haricots blancs.

Salade niçoise
Côte d'Azur

Pour 6 personnes
Préparation : 30 mn - Cuisson : 10 mn

- 500 g de tomates rouges mais fermes
- 500 g de fèves fraîches
- 1 laitue
- 1 poivron
- 2 côtes tendres de céleri
- 1 concombre
- 2 artichauts violets
- 2 oignons doux
- 4 œufs
- 10 filets d'anchois à l'huile
- 150 g de thon à l'huile
- 75 g d'olives de Nice
- 1 gousse d'ail
- 10 feuilles de basilic
- 1 dl d'huile d'olive
- 1/2 citron

1. Mettez les œufs dans une casserole, couvrez-les d'eau, portez à ébullition et comptez 8 mn.

2. Pelez la gousse d'ail et frottez-en un saladier. Effeuillez la laitue, lavez-la, essorez-la et tapissez le saladier de quelques feuilles de laitue. Coupez les autres feuilles en lanières et garnissez-en le fond du saladier.

3. Lavez les tomates, coupez-les en quartiers et épépinez-les. Pelez le concombre et coupez-le en fines rondelles. Ôtez les fils des côtes de céleri, lavez-les et emincez-les. Lavez le poivron, coupez-le en très fines rondelles et ôtez-en les graines. Pelez les oignons et coupez-les en fines rondelles. Ecossez les fèves et ôtez la peau. Ôtez les feuilles extérieures des artichauts, coupez ceux-ci en quatre et frottez-les avec le citron.

4. Passez les œufs sous l'eau courante pour les rafraîchir, écalez-les et coupez-les en quatre. Coupez les filets d'anchois en deux dans le sens de la longueur. Emiettez le thon, en éliminant l'huile de la boîte.

5. Rangez tous les légumes sur le lit de salade et posez sur le dessus anchois, thon, œufs durs et olives.

6. Essuyez le basilic dans un papier absorbant et ciselez-le. Parsemez-en la salade.

7. Versez l'huile d'olive en filet et portez à table aussitôt.

□ Traditionnellement, on ne met pas de salade verte dans la salade niçoise. Tous les légumes doivent être servis très frais et une fois la salade préparée il faut la déguster aussitôt.

Salade verte au bleu
Lyonnais

Pour 6 personnes
Préparation : 10 mn

- 75 g de bleu de Bresse crémeux
- 100 g de crème fraîche épaisse
- 2 romaines
- 1 pincée de piment de Cayenne
- sel, poivre

1. Emiettez le bleu de Bresse dans un bol et écrasez-le à la fourchette en y incorporant la crème fraîche. Salez, poivrez et ajoutez le piment. Passe la sauce au tamis afin qu'elle soit lisse.

2. Effeuillez les salades, lavez-les, essorez-les e coupez les plus grosses feuilles en deux ou en trois

3. Mettez la salade dans un plat de service, napez-la de sauce et portez-la à table. Mélangez table, juste avant de servir.

□ Vous pouvez préparer sauce et salade à l'avance mais n'assaisonnez la salade qu'au tout dernier moment afin qu'elle garde son croquant.

Salade de poivrons grillés
Aquitaine

Pour 4 personnes
Préparation : 15 mn - Cuisson : 30 mn
Repos : 1 h 20

- 1,5 kg de gros poivrons verts, rouges et jaunes mélangés
- 2 gousses d'ail
- 1 dl d'huile d'olive
- 1 cuil. à soupe de vinaigre
- sel

1. Allumez le gril du four. Lavez les poivrons e essuyez-les.

2. Posez les poivrons sur la grille du four et faites les cuire, pas très loin de la source de chaleur, pendant 30 mn environ en les retournant souvent. Lorsque leur peau est noire et craquelée, mettez-le dans une terrine et couvrez-les. Laissez-les reposer pendant 20 mn.

3. Pendant ce temps, pelez les gousses d'ail e coupez-les en fines lamelles.

4. Lorsque les poivrons ont reposé 20 mn, retirez les de la terrine. Ôtez-en la peau et les graines Réservez le jus qui s'écoule pendant ces opérations

5. Coupez chaque poivron soit en lanières soit en rondelles et rangez-les dans un plat de service. Arrosez-les de leur jus, puis d'huile et de vinaigre Salez. Ajoutez l'ail et mélangez délicatement.

6. Couvrez les poivrons et laissez-les reposer pendant 1 h avant de servir.

Anchoïade
Provence - Côte d'Azur

Pour 6 personnes
Préparation et cuisson : 30 mn

- *12 anchois au sel*
- *4 grosses gousses d'ail nouveau*
- *3 échalotes*
- *6 brins de persil*
- *2 dl d'huile d'olive*
- *1 cuil. à soupe de vinaigre de vin rouge*

1. Rincez les anchois sous un filet d'eau courante en les frottant entre vos doigts pour en éliminer tout le sel. Otez l'arête centrale et séparez les filets. Coupez chaque filet en petits morceaux. Pelez les gousses d'ail et les échalotes et hachez-les menu. Lavez le persil, essorez-le, ôtez-en les tiges et ciselez les feuilles.

2. Mettez les anchois dans un mortier et écrasez-les finement au pilon en y incorporant l'huile peu à peu. Ajoutez ail et échalotes. Vous pouvez aussi réaliser ce travail avec un mixer ou dans une moulinette électrique.

3. Versez la purée obtenue dans un bol et mettez celui-ci au bain-marie. Mélangez délicatement jusqu'à ce que la sauce soit chaude. Retirez alors le bol du bain-marie, ajoutez-y vinaigre et persil. Servez aussitôt.

☐ L'anchoïade se mange chaude sur des tranches de pain grillé, mais on peut aussi y tremper des légumes crus : céleri en branches, petits bouquets de chou-fleur, petits artichauts violets…

On appelle aussi anchoïade des anchois pilés avec de l'huile, de l'oignon, de l'ail et du basilic frais. On tartine de cette purée des tranches de pain de campagne. On les fait gratiner sous le gril avant de les servir toutes chaudes.

Crudités ; Anchoïade ; Tapenade ; Bagna cauda

Crudités

Provence - Côte d'Azur

Pour 8 personnes
Préparation : 20 mn

- 1 poivron vert
- 1 poivron rouge
- 1 poivron jaune
- 2 cœurs de céleri
- 2 fenouils
- 8 petits oignons nouveaux
- 1 concombre
- 1 botte de radis
- 500 g de fèves fraîches
- 8 petits artichauts poivrade
- 1/2 citron

1. Ôtez la première épaisseur des fenouils et les tiges dures qui dépassent ; lavez les fenouils et coupez-les en quatre. Lavez les cœurs de céleri et coupez-les également en quatre. Lavez les poivrons, ôtez-en également les graines et les filaments blancs et coupez-les en fines rondelles. Nettoyez les radis, lavez-les. Pelez les oignons et enlevez une partie du vert. Écossez les fèves. Arrachez la queue des artichauts, ôtez les feuilles extérieures et frottez le fond des artichauts avec le citron. Lavez le concombre, épongez-le et coupez-le en rondelles sans le peler.
2. Rangez tous ces légumes dans un grand plat et servez-les aussitôt.

☐ En Provence, on sert ces crudités avec de l'huile d'olive et du sel ou encore une vinaigrette. Mais vous pouvez aussi les déguster avec de la tapenade ou de la bagna cauda.

Tapenade

Provence - Côte d'Azur

Pour 6 personnes
Préparation : 20 mn

- 300 g d'olives noires
- 3 cuil. à soupe de câpres égouttées
- 6 anchois au sel
- 2 dl d'huile d'olive
- 2 cuil. à café de moutarde forte
- 2 cuil. à soupe de cognac
- poivre

1. Dénoyautez les olives. Rincez les anchois sous un filet d'eau courante en les frottant bien entre vos doigts pour en éliminer tout le sel. Ôtez l'arête centrale et séparez les filets. Coupez chaque filet en petits morceaux.
2. Mettez les anchois, les olives, les câpres, la moutarde, le cognac, du poivre et la moitié de l'huile dans le bol d'un mixer. Faites tourner l'appareil jusqu'à ce que vous obteniez une purée lisse.
3. Versez peu à peu le reste de l'huile dans le bol du mixer sans arrêter l'appareil, jusqu'à ce que vous obteniez une crème lisse et homogène. Servez aussitôt.

☐ Servez la tapenade sur des tranches de pain grillé ou non. Vous pouvez la conserver au réfrigérateur dans un petit pot fermant hermétiquement. Vous pouvez aussi, comme autrefois, réaliser la tapenade dans un mortier en marbre ou en bois.

La cuisine méridionale ne serait pas ce qu'elle est sans l'huile d'olive. Cette huile onctueuse, allant du jaune d'or au vert... olive, est une merveille lorsqu'elle est pure et naturelle. Il faut toujours la choisir de « première pression à froid », c'est-à-dire qu'elle est alors le fruit du premier pressage des olives. C'est véritablement du jus d'olive. La purée d'olive qui reste est ensuite plusieurs fois pressée, avec de l'eau chaude, et les huiles obtenues sont de moins bonne qualité. L'olive entre également dans la composition d'une sauce délicieuse, la tapenade (dont nous donnons la recette ci-dessous). Le nom de cette sauce vient du provençal « tapes », câpres.

Bagna cauda

Provence - Côte d'Azur

Pour 6 personnes
Préparation et cuisson : 15 mn

- 75 g de beurre
- 5 cl d'huile d'olive
- 4 gousses d'ail
- 15 anchois au sel

1. Rincez les anchois sous un filet d'eau courante en les frottant bien entre vos doigts pour en éliminer tout le sel. Ôtez l'arête centrale et séparez les filets. Coupez chaque filet en petits morceaux. Pelez les gousses d'ail et passez-les au presse-ail.
2. Mettez le beurre dans une petite casserole, ajoutez-y l'huile, les anchois et l'ail. Posez la casserole sur un feu très doux et remuez à la cuillère en bois en écrasant les anchois. Mélangez jusqu'à ce que vous obteniez une pâte lisse et homogène. Servez chaud.

Servez la bagna cauda avec des croûtons que chacun trempe dans la sauce ou avec des légumes crus : côtes de céleri, quartiers de fenouil, lanières de poivron, artichauts violets...

Poissons et crustacés

Baignée par deux côtes poissonneuses, la côte atlantique et la côte méditerranéenne, la France offre une grande variété de recettes mettant en scène les produits de la mer. De plus, les rivières y sont fort nombreuses et leurs poissons nous permettent la préparation de plats aussi savoureux que les célèbres « anguilles au vert ».

De la modeste sardine au somptueux saumon, la fraîcheur des poissons est un critère absolu. Lorsqu'on a la chance d'habiter au bord de la mer, le problème ne se pose pratiquement pas ; on peut toujours acheter le poisson tout frais aux pêcheurs de retour de la pêche. A l'intérieur des terres et dans les grandes villes, il faut savoir reconnaître un poisson frais sur l'étal d'un poissonnier. Si le poisson est entier, il doit être luisant, avec des écailles intactes ; son œil doit être brillant et transparent et ses ouïes bien rouges. S'il s'agit de filets, leur chair doit être humide, jamais desséchée ni grisâtre, mais blanche (ou rosée selon les poissons) et brillante.

Les coquillages, comme les huîtres et les moules, doivent toujours être achetés vivants car, une fois morts, leur chair se décompose très rapidement. Les coquilles sont généralement fermées ; si elles sont ouvertes, frappez-les d'un petit coup sec, elles doivent se refermer aussitôt. Si ce n'est pas le cas, l'animal est probablement mort : refusez-le ou jetez-le.

*Les crustacés sont généralement vendus vivants.
Il séjournent le plus souvent dans les viviers des poissonniers.
La chair de ces crustacés est exquise.
Langoustines et crevettes sont souvent vendues cuites, fraîches ou surgelées ; mais la toute petite crevette grise est quelquefois vendue vivante ; elle est exquise simplement revenue à la poêle dans de l'huile ou du beurre et dégustée toute chaude avec des tranches de pain de campagne beurrées.*

*La fraîcheur est très importante, mais la cuisson joue, elle aussi, un rôle de premier plan ; poissons, coquillages et crustacés ne doivent jamais trop cuire : leur chair devient alors ferme et caoutchouteuse et ils perdent beaucoup de leur saveur. Il faut donc respecter les temps de cuisson dans chaque recette.
Les « Ecrevisses à la champenoise » (p. 48) par exemple, lorsqu'elles sont trop cuites sont un véritable gâchis !*

Anguilles au vert
Picardie

Pour 4 personnes
Préparation : 25 mn - Cuisson : 15 mn

- 1 kg d'anguilles moyennes
- 3 échalotes
- 100 g d'oseille
- 100 g d'épinards
- 10 brins de persil
- 6 brins de ciboulette
- 3 brins de cerfeuil
- 2 branches de sauge
- 1 branche d'estragon
- 1 branche de thym
- 2 feuilles de menthe
- 1 feuille de laurier
- 1 dl de vin blanc
- 100 g de crème fraîche
- 2 jaunes d'œufs
- 40 g de beurre
- sel, poivre

1. Dépouillez les anguilles, videz-les, lavez-le coupez-les en tronçons de 4 cm, puis essuyez-le avec du papier absorbant.

2. Retirez les tiges de toutes les herbes. Lavez l' seille et les épinards et coupez-les en fines lanière Lavez les feuilles de persil, de cerfeuil, d'estrago de sauge et de menthe et ciselez-les. Lavez et cisele la ciboulette. Pelez les échalotes et hachez-les trè finement.

3. Faites fondre le beurre dans une sauteus ajoutez-y les anguilles et les échalotes. Faites-les r venir à feu moyen pendant 5 mn environ, jusqu'à c que les anguilles soient légèrement dorées. Retire la sauteuse du feu et jetez le beurre de cuisso

Filets de sole
à la normande
Normandie

Pour 4 personnes
Préparation et cuisson : 1 h

- 4 soles de 300 g
- 20 g de beurre
- sel, poivre

Pour le fumet :
- 2 carottes
- 1 oignon
- 2 dl de vin blanc sec
- 1 bouquet garni lié :
6 brins de persil,
1 feuille de laurier,
1 branche de thym
- sel, poivre en grains

Pour la garniture :
- 1 litre de moules
- 125 g de crevettes
roses vivantes
- 150 g de champignons
- 1 dl de vin blanc sec
- 4 échalotes
- 1 citron

Pour la sauce :
- 2 jaunes d'œufs
- 200 g de crème
fraîche épaisse

1. Dépouillez les soles, séparez-les en filets, conservez les têtes et les arêtes. Lavez les filets et essuyez-les. Pelez les carottes et l'oignon et coupez-les en fines rondelles.

2. Préparez le fumet : mettez les têtes et les arêtes des soles dans une casserole, ajoutez oignon, carottes et bouquet garni, arrosez de vin et de 4 dl d'eau. Salez et poivrez. Portez à ébullition. Couvrez et laissez frémir pendant 20 mn.

3. Pendant ce temps, pelez et hachez 4 échalotes. Grattez les moules, ébarbez-les et lavez-les sous l'eau courante. Mettez-les dans une grande casserole avec les échalotes et 1 dl de vin blanc. Posez la casserole sur feu vif et faites ouvrir les moules en secouant la casserole. Otez les coquilles dès que les moules sont cuites.

4. Faites cuire les crevettes dans de l'eau frémissante pendant 5 mn, puis égouttez-les et décortiquez-les.

5. Pressez le citron. Coupez la partie terreuse du pied des champignons, lavez-les et essuyez-les. Mettez-les dans une petite casserole ; ajoutez 1 cuillerée à soupe de jus de citron, salez et laissez cuire pendant 15 mn à feu doux et à découvert, jusqu'à ce qu'il n'y ait plus de liquide dans la casserole.

6. Allumez le four, thermostat 7 (230°). Salez et poivrez les filets de sole. Beurrez un plat à four avec 20 g de beurre et rangez-y les filets. Couvrez-les du fumet filtré à travers une passoire. Couvrez le plat d'une feuille d'aluminium et glissez-le au four. Laissez cuire pendant 12 mn.

7. Disposez les filets de sole sur un plat de service à l'aide d'une spatule à fentes et entourez-les des moules, des crevettes et des champignons. Gardez le plat au chaud dans le four éteint.

8. Passez au chinois le jus de cuisson des moules et du poisson et faites-le réduire des trois quarts à feu vif. Délayez les jaunes d'œufs avec la crème et ajoutez-les au jus de cuisson réduit. Laissez frémir à feu très doux sans laisser bouillir pendant 3 ou 4 mn jusqu'à ce que la sauce épaississe. Nappez les soles de cette sauce et servez sans attendre.

□ Vous pouvez décorer de croûtons frits au beurre, taillés en triangle ou en forme de croissant.

*Filets de sole à la
normande.*

emettez sur le feu, mouillez avec le vin, ajoutez la
euille de laurier et la branche de thym. Couvrez et
ites cuire pendant 5 mn à feu doux.

4. Au bout de ce temps, retirez la feuille de laurier
: la branche de thym, ajoutez les herbes. Salez.
oivrez. Couvrez et faites cuire encore 5 mn à feu
oux. Mélangez la crème et les jaunes d'œufs dans
n bol en battant à la fourchette.

5. Lorsque la cuisson des anguilles est terminée,
teignez le feu et incorporez le mélange crème-œufs
ans la sauteuse en tournant rapidement, mais déli-
atement, avec une spatule pour bien enrober les
nguilles. Mettez les anguilles dans un plat de ser-
ice et portez à table sans attendre.

Saumon de l'Aven grillé sauce armoricaine

Bretagne

Pour 4 personnes
Préparation et cuisson : 1 h 10

- 4 tranches de saumon frais de 3 cm d'épaisseur
- 16 bouquets
- 2 cuil. à soupe de cognac
- 1 carotte
- 1 oignon
- 2,5 dl de muscadet
- 300 g de tomates mûres à point
- 1 gousse d'ail
- 3 cuil. à soupe d'huile
- 1 bouquet garni : 4 tiges de persil, 1 feuille de laurier, 1 branche de thym
- 50 g de beurre
- 1 pincée de piment de Cayenne
- sel
- poivre

1. Lavez les bouquets. Décortiquez-les. Conservez les carapaces.

2. Plongez les tomates quelques secondes dans de l'eau bouillante, puis égouttez-les, passez-les sous l'eau courante, pelez-les et pressez-les pour en éliminer les graines. Hachez finement la pulpe. Pelez la gousse d'ail, écrasez-la. Pelez la carotte et l'oignon et coupez-les en rondelles.

3. Faites chauffer 2 cuillerées à soupe d'huile dans une cocotte et faites-y revenir ail, carotte et oignon à feu doux pendant quelques minutes, jusqu'à ce qu'ils blondissent. Ajoutez les carapaces des bouquets, mélangez à feu vif pendant 1 mn, puis arrosez avec le cognac et flambez. Dès que la flamme s'est éteinte, arrosez avec le muscadet et autant d'eau. Ajoutez le bouquet garni et les tomates ; poivrez, salez et laissez cuire 1 h à feu moyen.

4. Après 1 h de cuisson, passez la préparation au tamis en pressant bien et laissez-la chauffer sur feu très doux en y ajoutant les bouquets.

5. Pendant ce temps, passez les tranches de saumon à l'eau fraîche ; épongez-les ; enduisez-les d'huile. Salez-les et poivrez-les des deux côtés. Faites chauffer un gril en fonte. Faites-y cuire les tranches de saumon 3 mn de chaque côté.

6. Lorsque le poisson est cuit, ôtez la peau qui entoure chaque tranche. Posez celles-ci sur un plat de service et décorez avec les bouquets.

7. Vérifiez l'assaisonnement de la sauce et ajoutez-y 1 pincée de piment de Cayenne. Hors du feu, incorporez-y le beurre en fouettant, versez dans une saucière et portez à table.

saumon de l'Aven grillé
sauce armoricaine ; Loup
au fenouil.

Raie à la normande
Normandie

Pour 4 personnes
Préparation : 10 mn - Cuisson : 1 h 10

- 1 kg de raie
Pour le court-bouillon :
- 2 dl de vinaigre
- 1 gros oignon
- 1 bouquet garni :
6 tiges de persil,
1 feuille de laurier,
1 branche de thym
- 1 clou de girofle
- sel, poivre

Pour la sauce :
- 100 g de crème
fraîche épaisse
- 1 cuil. à soupe de
câpres égouttées
- 1 cuil. à soupe de
persil plat ciselé
- 1 cuil. à soupe de
jus de citron
- sel, poivre

1. Préparez le court-bouillon : épluchez l'oignon et coupez-le en rondelles. Mettez-le dans une casserole avec 3 litres d'eau, le vinaigre, le bouquet garni, du sel, du poivre et le clou de girofle. Posez la casserole sur feu doux, portez à ébullition et laissez frémir pendant 30 mn. Laissez ensuite refroidir.

2. Lavez la raie en la grattant bien et coupez-la en morceaux. Placez ceux-ci dans le court-bouillon refroidi et laissez frémir pendant 25 mn.

3. Egouttez la raie. Ôtez-en la peau et rangez les morceaux sur un plat de service. Tenez au chaud.

4. Préparez la sauce : versez la crème dans une casserole. Faites-la épaissir à feu doux, en remuant avec une spatule. Salez et poivrez.

5. Dès que la sauce est épaisse, retirez la casserole du feu, ajoutez le jus de citron, les câpres et le persil et mélangez.

6. Nappez la raie de sauce et servez.

Loup au fenouil
Provence

Pour 4 personnes
Préparation et cuisson : 35 mn

- 1 loup de 1,5 kg
- 4 cuil. à soupe
d'huile d'olive
- branches de fenouil
sec
- sel, poivre
Pour la sauce :
- 2 jaunes d'œufs
- 1 cuil. à café de
moutarde

- 3 dl d'huile d'olive
- 1 cuil. à café de
vinaigre de vin blanc
- 3 cornichons
- 1 cuil. à soupe de
câpres égouttées
- 6 brins de persil
- 1 petit bouquet de
ciboulette
- sel, poivre

1. Ecaillez le loup, videz-le. Passez-le sous l'eau courante, essorez-le dans du papier absorbant. Salez-le et poivrez-le à l'intérieur et à l'extérieur. Remplissez-le de branches de fenouil. Huilez le poisson sur les deux faces.

2. Posez le poisson sur une grille et laissez-le cuire — soit sous le gril du four, soit au-dessus d'une braise rouge — pendant 30 mn, en le retournant délicatement à mi-cuisson.

3. Pendant ce temps, préparez la sauce : mettez les jaunes d'œufs dans une terrine, ajoutez 1 pincée de sel, du poivre et la moutarde. Mélangez, laissez reposer 1 mn, puis versez l'huile en mince filet en fouettant sans arrêt. Lorsque la mayonnaise est bien prise, ajoutez-y le vinaigre et continuez à fouetter pendant quelques secondes.

4. Hachez finement les câpres et les cornichons et pressez-les dans un linge. Lavez le persil et la ciboulette et essorez-les. Ôtez les tiges du persil et ciselez finement les feuilles. Ciselez également la ciboulette. Incorporez persil, ciboulette, câpres et cornichons à la sauce.

5. Lorsque le poisson est cuit, posez-le sur un plat et servez sans attendre avec la sauce en saucière.

En Alsace, on prépare de délicieuses pâtes fraîches : les spätzeles. Pour les réaliser, mélanger 100 g de farine, 1 œuf battu et du sel. Travaillez la pâte avec une spatule en y incorporant de l'eau, jusqu'à ce qu'elle se détache de la terrine. Etalez la pâte, par petites quantités, sur une planchette et plongez le tout dans de l'eau bouillante salée. Détachez ensuite avec un couteau des lamelles de pâte et replongez-les dans l'eau bouillante. Dès qu'elles remontent à la surface, égouttez-les et faites-les sauter dans du beurre.

Truites au riesling

Alsace

Pour 4 personnes
Préparation et cuisson : 45 mn

- 4 truites
- 4 échalotes
- 1,5 dl de riesling
- 150 g de champignons
- 100 g de beurre
- 100 g de crème fraîche épaisse
- sel, poivre

1. Videz les truites, lavez-les, grattez-les et essuyez-les avec du papier absorbant. Pelez les échalotes et hachez-les menu. Coupez la partie sableuse du pied des champignons ; lavez ceux-ci rapidement et essorez-les.

2. Allumez le four, thermostat 7 (230°). Beurrez un plat allant au four avec 20 g de beurre. Répartissez dessus les échalotes et posez-y les truites. Arrosez-les avec le riesling ; salez et poivrez, couvrez le plat de papier sulfurisé ou d'aluminium ménager et glis-sez-le au four. Laissez cuire les truites pendant 20 mn.

3. Faites fondre 20 g de beurre dans une poêle e faites-y revenir les champignons à feu modéré, jus qu'à ce qu'il n'y ait plus de liquide dans la poêle e que les champignons soient dorés.

4. Lorsque les truites sont cuites, égouttez-les dél catement ; ôtez-en la peau et disposez-les sur un pl de service. Entourez-les des champignons. Gardez les au chaud.

5. Filtrez le jus de cuisson et versez-le dans un petite casserole. Faites-le réduire des deux tiers feu vif. Ajoutez alors la crème et laissez épaissir l sauce à feu doux en remuant avec une spatule. Hor du feu, ajoutez-y le reste du beurre coupé en peti morceaux, en fouettant vivement.

6. Nappez les poissons de sauce et servez.

Truites aux amandes
Champagne

Pour 4 personnes
Préparation : 10 mn - Cuisson : 15 mn

4 truites de 250 g	● 1 cuil. à soupe
acune	de farine
120 g d'amandes	● 1 cuil. à soupe
ilées	d'huile
l dl de lait	● poivre
150 g de beurre	● sel

1. Videz les truites, lavez-les, grattez-les et es-
yez-les avec du papier absorbant. Versez le lait
ns une assiette creuse et mettez la farine dans
e assiette plate. Passez les truites d'abord dans le
t, puis dans la farine. Secouez-les pour en élimi-
r l'excédent.
2. Faites chauffer l'huile dans une poêle et ajoutez
) g de beurre. Lorsqu'il est fondu, faites-y cuire les
ites 5 mn de chaque côté, à feu doux pour ne pas
re noircir le beurre, puis retirez-les de la poêle à
ide d'une spatule à fentes. Mettez-les dans un plat
service, salez, poivrez et gardez-les au chaud.
ez le gras de cuisson et essuyez la poêle.
3. Faites fondre le reste du beurre dans la poêle et
tes-y blondir les amandes 2 mn environ en les
ournant avec une spatule. Lorsqu'elles sont à
ine dorées, versez-les sur les truites avec leur
urre de cuisson et portez à table sans attendre.

Matelote à l'alsacienne
Alsace

Pour 6 personnes
Préparation et cuisson : 2 h

2 kg de poissons de	● 1 bouquet garni :
ière : anguille,	6 tiges de persil,
ochet, tanche, perche	1 branche de thym,
3 carottes	1 feuille de laurier
3 poireaux	● 50 g de farine
2 oignons	● 200 g de crème fraîche
1/2 litre de vin blanc	● 3 jaunes d'œufs
Alsace	● noix muscade
150 g de beurre	● sel, poivre

1. Préparez un court-bouillon : pelez les carottes,
; poireaux et les oignons, coupez-les en rondelles
mettez-les dans une marmite avec 2 litres d'eau,
bouquet garni, du sel, du poivre et quelques pin-
es de noix muscade. Portez à ébullition et laissez
ire pendant 1 h à petits frémissements.
2. Videz les poissons, grattez-les, dépouillez l'an-
uille. Lavez-les, essorez-les dans du papier absor- .
nt, puis coupez-les en tronçons de 4 à 5 cm de
ng environ.
3. Après 1 h de cuisson, passez le court-bouillon
tamis, reversez-le dans la marmite et ajoutez-y le

vin blanc. Portez à ébullition. Ajoutez alors les tronçons d'anguille, puis les tronçons de brochet, de
tanche et de perche. Laissez frémir pendant 20 mn.
Egouttez le poisson et conservez-le au chaud.
4. Faites réduire le bouillon de cuisson à feu vif
pour en obtenir 1 litre environ.
5. Faites fondre 80 g de beurre dans une casserole. Ajoutez-y la farine, mélangez pendant 1 mn,
puis arrosez avec le bouillon de cuisson filtré, mélangez, portez à ébullition et laissez cuire pendant
5 mn, jusqu'à ce que la préparation épaississe.
6. Mélangez la crème et les jaunes d'œufs en battant au fouet, puis délayez-les avec un peu de
sauce. Reversez le tout dans la casserole et mélangez sans laisser bouillir. Ajoutez le reste du beurre
par morceaux en battant au fouet.
7. Disposez les poissons dans un grand plat
creux ; nappez-les avec la sauce et servez très
chaud.

□ Garnissez ce plat de croûtons ou, éventuellement,
accompagnez-le de pâtes fraîches.
    Vous pouvez aussi faire cuire à part des petits
oignons, des lardons et des champignons et les
ajouter à la sauce au tout dernier moment.

*Ci-dessus : Truites aux
amandes ; Ci-contre :
Truites au riesling ;
Matelote à l'alsacienne.*

Bouillabaisse
Provence - Languedoc

Pour 6-8 personnes
Préparation : 30 mn - Cuisson : 20 mn

- *3 kg de poissons : rascasse, saint-pierre, loup, baudroie, congres, vives...*
- *4 grosses tomates mûres à point*
- *2 oignons*
- *2 blancs de poireaux*
- *4 gousses d'ail*
- *1 branche de fenouil*
- *1 branche de thym*
- *1 feuille de laurier*
- *1 morceau d'écorce d'orange séchée*
- *1 dl d'huile d'olive*
- *6 pincées de safran*
- *2,5 litres de fumet de poisson (p. 9)*
- *sel, poivre*

Pour servir :
- *tranches de pain grillées*

1. Ecaillez les poissons, videz-les, lavez-les et essorez-les. Coupez les plus gros en tronçons. Lavez les tomates, essuyez-les et coupez-les en petits morceaux. Pelez les oignons et hachez-les. Lavez les blancs de poireaux, égouttez-les et hachez-les grossièrement. Pelez les gousses d'ail et hachez-les très finement.

2. Faites chauffer l'huile dans une grande cocotte, ajoutez-y l'ail, les oignons et les poireaux, mélangez pendant 1 mn, puis ajoutez les tomates, le fenouil, le thym, le laurier et l'écorce d'orange. Couvrez et laissez suer les légumes à feu très doux pendant 5 mn.

3. Versez le fumet de poisson ou la même quantité d'eau dans une casserole et portez à ébullition.

4. Lorsque les légumes ont sué pendant 5 mn, ajoutez le safran, mélangez et retirez du feu. Posez dans la cocotte les poissons à chair ferme (rascasse, congre, baudroie), puis, dessus, ceux à chair plus tendre (vives, saint-pierre, loup). Remettez la cocotte sur feu vif et versez-y délicatement l'eau ou le fumet de poisson. Salez. Poivrez. Laissez cuire à feu vif et à découvert pendant 10 mn, à compter de la reprise de l'ébullition.

5. Lorsque le poisson a cuit 10 mn, retirez-le délicatement à l'aide d'une écumoire et mettez-le dans un plat de service creux. Arrosez-le d'un peu de jus de cuisson pour éviter qu'il se dessèche et gardez-le au chaud.

6. Passez le bouillon au tamis. Rincez la cocotte, reversez-y le bouillon et posez-le sur feu vif pour le faire réchauffer.

7. Versez le bouillon dans une soupière et portez-le à table aussitôt. Servez les poissons à part. Dégustez le bouillon sur les tranches de pain grillées.

☐ Il ne s'agit là que d'une recette de bouillabaisse parmi les dizaines qui existent. Chacun a la sienne et, bien sûr, la vraie ! Mais toutes ont deux points communs : poissons et safran !

En Languedoc court une vieille légende. Elle conte comment un pèlerin, venu demander un peu de nourriture à une vieille femme, mère de deux garçons, pêcheurs, lui enseigna la recette de la bouillabaisse. Ce pèlerin, voyant le fruit de la pêche — plusieurs poissons, chacun d'une espèce différente — prépara cette soupe parfumée. Bien entendu, comme dans toutes les légendes, ce pèlerin n'était pas un simple pèlerin, mais Saint-Pierre lui-même venu enseigner cette recette aux hommes. Cette recette se retrouve, à quelques variantes près, sur tout le littoral méditerranéen, et notamment en Provence. Crustacés ? Vin blanc du pays ? A chacun sa vérité !

Maquereaux fécampois
Normandie

Pour 4 personnes
Préparation et cuisson : 30 mn

- *4 maquereaux de 300 g chacun en filets*
- *1 litre de moules*
- *4 dl de cidre*
- *2 échalotes*
- *80 g de beurre*
- *20 g de farine*
- *1 cuil. à soupe de persil plat ciselé*
- *1 cuil. à soupe de jus de citron*
- *sel, poivre*

1. Allumez le four, thermostat 6 (200°). Beurrez u[n] plat allant au four avec 20 g de beurre. Epluchez le[s] échalotes et hachez-les finement. Répartissez-les a[u] fond du plat. Couchez dessus les filets de maque[-] reaux, salez-les et poivrez-les. Arrosez-les avec 2 [dl] de cidre. Couvrez le plat d'une feuille de papi[er] sulfurisé.

2. Glissez le plat au four et laissez cuire les file[ts] de maquereau pendant 15 mn.

3. Pendant ce temps, grattez les moules, lave[z]-lés, ébarbez-les et égouttez-les. Faites chauffer l[e] reste du cidre dans une marmite. Ajoutez-y le[s] moules et faites cuire à feu vif en remuant, jusqu[']à ce qu'elles s'ouvrent. Ôtez-en les coquilles. Filtrez l[e] jus de cuisson.

4. Lorsque les maquereaux sont cuits, retirez-le[s] du four. Disposez les filets sur un plat de service [et] tenez-les au chaud dans le four éteint. Filtrez le ju[s] de cuisson des maquereaux.

5. Faites fondre 20 g de beurre dans une casse[-] role, ajoutez-y la farine en pluie, mélangez et laisse[z] cuire 1 mn, puis arrosez avec le jus de cuisson de[s] moules et des maquereaux. Laissez cuire en re[-] muant pendant 10 mn, jusqu'à ce que la sauc[e] épaississe. Goûtez et rectifiez l'assaisonnemen[t.] Ajoutez le jus de citron, puis le reste du beurre e[n] fouettant.

6. Répartissez les moules sur les filets de maque[-] reaux, nappez-les de sauce, parsemez de persil [et] servez aussitôt.

Moules marinière

Bretagne - Normandie

Pour 4 personnes
Préparation : 15 mn - Cuisson : 10 mn

- 4 litres de moules
- 6 échalotes
- 1 gousse d'ail
- 1 feuille de laurier
- 1 branche de thym
- 6 tiges de persil
- 1/2 litre de vin blanc sec : muscadet
- 2 cuil. à soupe de persil plat ciselé
- 60 g de beurre
- poivre

1. Grattez, ébarbez, lavez soigneusement les moules et mettez-les dans une passoire. Pelez les échalotes et la gousse d'ail et hachez-les menu. Liez en bouquet la branche de thym, la feuille de laurier et les tiges de persil brisées entre vos doigts.

2. Mettez le hachis d'ail et d'échalote dans une marmite, ajoutez-y le beurre et posez la marmite sur feu moyen. Faites revenir le hachis 1 mn, en tournant sans cesse, sans laisser prendre couleur, puis versez le vin dans la marmite, augmentez la flamme et ajoutez le bouquet garni.

3. Lorsque le vin arrive à ébullition, laissez bouillir 2 mn, puis ajoutez-y du poivre et jetez-y les moules. Tournez les moules sans arrêt avec une écumoire, ou secouez la marmite sans cesse. Dès qu'elles sont ouvertes, retirez les moules de la marmite et mettez-les au fur et à mesure dans une terrine tenue au chaud.

4. Lorsqu'il n'y a plus de moules dans la marmite, laissez bouillir le jus obtenu pendant 3 à 4 mn, jusqu'à ce qu'il réduise de moitié, puis jetez-y les moules, parsemez-les de persil ciselé, mélangez 20 secondes et éteignez le feu.

5. Versez le contenu de la marmite dans un grand plat de service creux; retirez le bouquet garni et portez les moules marinière à table sans attendre.

Ecrevisses à la champenoise

Champagne

Pour 6 personnes
Préparation : 20 mn - Cuisson : 20 mn

- 36 écrevisses
- 4 échalotes grises
- 1/2 litre de champagne brut
- 250 g de crème fraîche épaisse
- 1 cuil. à soupe d'estragon ciselé
- 50 g de beurre
- piment de Cayenne
- poivre
- sel

1. Châtrez les écrevisses. Pelez les échalotes et hachez-les menu.

2. Faites fondre le beurre dans une sauteuse et faites-y revenir les échalotes à feu doux pendant 5 mn sans les laisser blondir, en tournant sans arrêt avec une spatule.

3. Ajoutez alors les écrevisses dans la sauteuse et faites-les revenir pendant 5 mn, sans cesser de remuer. Salez. Poivrez. Versez le champagne. Portez à ébullition. Couvrez et laissez frémir à petit feu pendant 10 mn.

4. Egouttez ensuite les écrevisses avec une écu-

moire et gardez-les au chaud dans un plat de service.

5. Faites réduire le jus de cuisson des écrevisses de moitié à feu vif. Ajoutez-y la crème fraîche, mélangez et laissez cuire jusqu'à ce que la sauce devienne onctueuse. Goûtez, rectifiez l'assaisonnement, ajoutez 1 pincée de piment de Cayenne.

6. Versez la sauce sur les écrevisses — éventuellement en la passant au tamis — poudrez d'estragon et servez.

□ Vous pouvez flamber les écrevisses au marc de champagne avant de les arroser de champagne et de procéder à la cuisson.

Mouclade

Charente

Pour 4 personnes
Préparation : 15 mn - Cuisson : 15 mn

- 3 litres de moules de bouchot
- 4 dl de vin blanc sec : muscadet ou gros-plant
- 3 échalotes
- 1 branche de thym
- 1 branche de laurier
- 6 tiges de persil
- 150 g de crème fraîche épaisse
- 3 jaunes d'œufs
- 1 cuil. à café rase de curry
- 1 pincée de piment de Cayenne
- 25 g de beurre

1. Grattez, ébarbez, lavez et égouttez les moules. Pelez les échalotes et hachez-les menu.

2. Mettez le vin, la branche de laurier, la branche de thym et les tiges de persil brisées entre vos doigts dans une grande marmite.

3. Posez la marmite sur une flamme vive. Lorsque le vin bout, jetez-y les moules et tournez-les sans cesse avec une écumoire; elles s'ouvrent très vite. Retirez-les au fur et à mesure de la marmite et réservez-les dans une grande terrine. Les moules ne doivent pas cuire mais juste s'ouvrir.

4. Lorsqu'il n'y a plus de moules dans la marmite, laissez bouillir son contenu.

5. Pendant ce temps, faites fondre le beurre dans une casserole sur feu doux et faites-y revenir les échalotes jusqu'à ce qu'elles soient blondes, de 1 à 2 mn environ, puis jetez le contenu de la marmite dans la casserole, lentement, afin que le sable qui pourrait s'y trouver reste au fond. Faites bouillir jusqu'à ce que le liquide réduise de moitié. Rincez la marmite.

6. Lorsque le liquide a réduit de moitié, passez-le à travers une passoire fine au-dessus de la marmite, ajoutez-y les deux tiers de la crème fraîche et le piment de Cayenne. Faites reprendre l'ébullition et laissez réduire 1 mn.

7. Mettez les jaunes d'œufs dans un petit bol avec le reste de la crème et le curry. Battez à la fourchette, ajoutez dans le bol 2 cuillerées à soupe du jus des moules, puis baissez la flamme sous la marmite et versez-y doucement le contenu du bol, en ne cessant de fouetter : la sauce obtenue ne doit plus bouillir. Lorsqu'elle est bien chaude, plongez-y les moules et secouez sans arrêt la marmite pendant 1 mn, afin que toutes les moules s'enrobent de sauce et se réchauffent.

8. Répartissez les moules et leur sauce dans des assiettes creuses chaudes et portez à table.

Les moules les plus connues, les meilleures peut-être, sont les moules de bouchot. Elles sont élevées en Charente-Maritime, sur des pieux de bois (les « bouchots ») plantés dans la mer. Les moules s'accrochent aux bouchots sur lesquels elles forment des grappes.

Crevettes au cidre

Bretagne - Normandie

Pour 4-6 personnes

Préparation et cuisson : 10 mn

1 kg de crevettes
vantes
75 cl de cidre sec
gros sel de mer

- *poivre*
Pour servir :
- *pain complet*
- *beurre demi-sel*

1. Versez le cidre dans une casserole, ajoutez
cuillerée à soupe de gros sel et beaucoup de
ivre. Portez lentement à ébullition, sans couvrir.

2. Lavez les crevettes et plongez-les dans le liquide en ébullition. Laissez frémir pendant 3 mn,
puis égouttez les crevettes et mettez-les dans un plat
de service. Poivrez.

3. Servez les crevettes toutes chaudes avec du
pain complet tartiné de beurre demi-sel.

Crevettes au cidre ;
Ecrevisses à la
champenoise ; Moules
marinière.

Volaille et gibier

Les volailles sont depuis longtemps parmi les aliments les plus consommés en tant que plat de résistance. C'est un produit de grande consommation car l'élevage qu'on en fait est très important, tout particulièrement celui du poulet que l'on retrouve autant dans les grandes villes que dans les moindres petits villages. Le gibier, au contraire, vaut par sa rareté ; tout au moins en ce qui concerne le gibier provenant de la chasse. Le gibier d'élevage, comme la perdrix, la caille, le lapin ou le chevreuil, se trouve presque toute l'année sur les étals des volaillers (sauf en période de grosse chaleur où il se détériorerait trop vite).

Les volailles ? Brillat-Savarin les comparait à la toile d'un peintre car elles peuvent être préparées de multiples façons. Et il est vrai que les recettes en sont nombreuses, du célèbre « poulet aux écrevisses » (p. 55) qui associe les richesses de sa région d'origine — le Lyonnais connu pour ses volailles et ses produits de rivière — à la savoureuse « poule au pot à la toulousaine » (p. 51), poule farcie toute simple et garnie de légumes. Il faut aussi citer le « coq en pâte », présentation somptueuse d'un coq, farci quelquefois avec des lamelles de truffe, cuit dans une robe de pâte feuilletée, et le « poulet aux huîtres » (p. 52), originaire de la Charente, région productrice d'huîtres.

Pendant longtemps la chasse a fourni à l'homme sa nourriture de base, puis du Moyen Âge jusqu'au XIXe siècle, elle est devenue le privilège des gens de cour. Privilège et divertissement réservés à une élite. Au XVIIe et au XVIIIe siècle, on faisait rôtir le gibier entier après l'avoir plumé puis, au moment de le servir, on le parait à nouveau de ses plumes.
Aujourd'hui, la chasse est heureusement sévèrement réglementée et certaines espèces — jadis en voie de disparition — sont à nouveau protégées.

Le gibier se marie fort bien avec des sauces riches à base de vin (voir par exemple le « faisan en barbouille », p. 58) et de crème. Les fruits acidulés y sont souvent associés, comme dans le « canard à l'orange » (p. 56).

Choisissez toujours des volailles et des gibiers de premier choix car ils ne supportent pas la médiocrité. Une chair de volaille dure ou un gibier trop « faisandé » ne seront en aucun cas sauvés par une sauce, si délicieuse soit-elle !

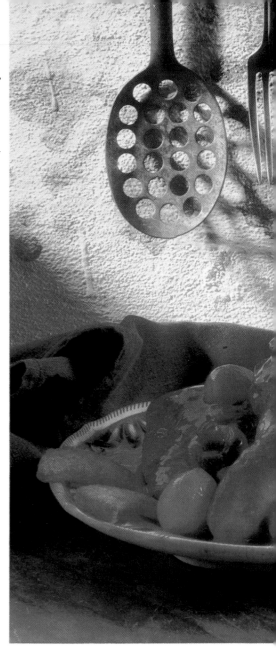

Coq au vin
Bourgogne

Pour 6 personnes
Préparation : 15 mn - Cuisson : 1 h 45

- 1 coq de 2,5 kg coupé en 12 morceaux
- 1 bouteille de bon vin rouge de Bourgogne
- 1 cuil. à soupe de cognac
- 100 g de lard de poitrine fumé
- 24 petits oignons
- 24 petits champignons de Paris
- 2 gousses d'ail
- 1 cuil. à café de sucre
- 60 g de beurre
- 1 bouquet garni : 1 branche de thym, 1 feuille de laurier, 1 branche de romarin
- 1 cuil. à soupe de farine
- 2 cuil. à soupe d'huile
- noix muscade
- sel, poivre
Pour les croûtons :
- 12 tranches de pain de mie
- 50 g de beurre

1. Pelez les oignons. Coupez le lard en bâtonnets
2. Faites chauffer l'huile dans une cocotte à fe modéré. Ajoutez-y le beurre et, dès qu'il est fondu faites-y légèrement dorer les morceaux de coq.

Poule au pot à la toulousaine
Toulouse

Pour 8 personnes
Préparation : 30 mn - Cuisson : 4 h 15

- 1 poule de 3 kg, prête à cuire, avec son foie
- 125 g de mie de pain fraîche
- 200 g de jambon cru
- 2 œufs
- 1 cuil. à soupe de persil plat ciselé
- 4 gousses d'ail
- 2 oignons
- 2 carottes
- 2 navets
- 1 côte de céleri
- 3 cuil. à soupe de lait
- 1 bouquet garni : 1 feuille de laurier, 1 branche de thym, 6 tiges de persil
- 3 clous de girofle
- noix muscade
- sel, poivre

1. Emiettez le pain au-dessus d'une petite casserole. Versez-y le lait et posez la casserole sur feu doux. Mélangez avec une spatule jusqu'à ce que vous obteniez une pâte.

2. Coupez le jambon en gros morceaux sans ôter le gras. Pelez les gousses d'ail. Passez 2 gousses d'ail, le jambon et le foie de la poule au hachoir électrique. Mettez le hachis obtenu dans une terrine, ajoutez-y le pain, le persil, du sel, du poivre et de la noix muscade. Cassez les œufs dans la terrine et mélangez bien le tout avec une fourchette.

3. Farcissez la poule avec la préparation précédente et cousez l'ouverture avec du fil. Pelez les oignons et piquez-les des clous de girofle. Pelez les carottes et les navets et lavez-les. Coupez-les en gros morceaux ainsi que la côte de céleri.

4. Versez 3 litres d'eau dans une grande marmite, ajoutez-y les oignons, les carottes, les navets, le céleri, le bouquet garni et les 2 gousses d'ail restantes. Posez la marmite sur feu doux, portez à ébullition, salez, poivrez, puis plongez la poule dans le liquide. Laissez reprendre l'ébullition, couvrez et laissez cuire à petits frémissements pendant 4 h.

5. Au bout de ce temps, retirez la poule de la marmite, égouttez-la, découpez-la et gardez-la au chaud. Passez le bouillon à travers un tamis au-dessus d'une soupière. Servez d'abord le bouillon, puis la poule.

□ Généralement, on sert le bouillon sur des tranches de pain rassis ou des tranches de pain grillées, mais on peut y faire cuire des pâtes à potage.

---

3. Egouttez la volaille. Jetez la moitié de la graisse [d]e cuisson. Mettez dans la cocotte les petits oignons [et] les lardons et faites-les dorer légèrement. Poudrez [d]e farine, mélangez bien pendant quelques se[c]ondes et versez le vin.

4. Dès que l'ébulition commence, ajoutez le bou[qu]et garni, les gousses d'ail non pelées, le sucre, les [m]orceaux de coq. Salez, poivrez, ajoutez 1 pincée [d]e noix muscade. Couvrez. Laissez mijoter à feu [do]ux 1 h 15.

5. Pendant ce temps, coupez la partie terreuse du [pi]ed des champignons, lavez les champignons, [é]gouttez-les, essuyez-les et mettez-les dans la co[cot]te 45 mn avant la fin de la cuisson.

6. Lorsque le coq est tendre, égouttez-le et gardez-[le] au chaud sur un plat de service.

7. Versez le cognac dans la cocotte. Laissez ré[du]ire la sauce de cuisson en la faisant bouillir 5 mn [à] découvert : il doit en rester 1/3 de litre environ. [Ô]tez l'ail et le bouquet garni.

8. Pendant ce temps, préparez les croûtons : parez [le]s tranches de pain. Coupez-les en triangles. Faites [fo]ndre le beurre dans une poêle et faites-y dorer [ra]pidement les croûtons. Nappez le coq de sauce et [en]tourez-le des croûtons. Servez très chaud.

Coq au vin.

Poulet vallée d'Auge
Normandie

Pour 6 personnes
Préparation : 10 mn - Cuisson : 50 mn

- 1 poulet de 1,5 kg coupé en morceaux
- 500 g de champignons rosés
- 1 pomme reinette
- 50 g de beurre
- 2 cuil. à soupe de calvados
- 100 g de crème fraîche épaisse
- 1 cuil. à soupe d'huile
- sel, poivre

1. Coupez la pomme en quatre, pelez-la et ôtez-en le cœur. Découpez chaque quart de pomme en tout petits dés.

2. Faites chauffer l'huile dans une cocotte sur feu doux, ajoutez-y 25 g de beurre et, dès qu'il est fondu, faites-y revenir les morceaux de poulet jusqu'à ce qu'ils soient bien dorés. Ajoutez alors les dés de pomme, mélangez pendant 1 mn, puis versez le calvados et flambez. Dès que la flamme s'est éteinte, ajoutez 1 cuillerée à soupe d'eau dans la cocotte, salez et poivrez. Couvrez et laissez cuire à feu très doux pendant 45 mn.

3. Ôtez la partie terreuse du pied des champignons, lavez les champignons, essorez-les et coupez-les en lamelles. Faites chauffer le reste du beurre dans une poêle et faites-y revenir les champignons à feu vif, jusqu'à ce qu'ils aient rendu toute leur eau. Versez alors cette eau dans la cocotte, puis laissez les champignons dorer quelques minutes.

4. Au bout de 45 mn de cuisson, retirez les morceaux de poulet de la cocotte et gardez-les au chaud. Versez la crème dans la cocotte et laissez cuire à feu modéré et à découvert, en remuant sans cesse, jusqu'à ce que vous obteniez une sauce lisse et onctueuse.

5. Lorsque la sauce est prête, ajoutez-y les champignons et mélangez pendant 1 mn. Nappez le poulet de sauce et servez aussitôt.

☐ Traditionnellement, on accompagne ce poulet de demi-pommes sautées au beurre, mais vous pouvez le servir avec des légumes cuits à la vapeur comme des bâtonnets de carotte et de navet.

Poulet au fromage
Lyonnais

Pour 6 personnes
Préparation : 25 mn - Cuisson : 1 h 10

- 1 poulet de 1,5 kg coupé en morceaux
- 1/2 litre de vin blanc sec
- 200 g de fromage : comté et emmental
- 2 jaunes d'œufs
- 250 g de crème fraîche épaisse
- 50 g de farine
- 50 g de beurre
- 1 cuil. à soupe d'huile
- noix muscade
- sel, poivre

1. Allumez le four, thermostat 7 (230°). Mettez 25 g de farine dans une assiette creuse, salez, poivrez. Passez les morceaux de poulet dans la farine et secouez-les pour en éliminer l'excédent.

2. Faites chauffer l'huile dans une sauteuse, ajoutez-y la moitié du beurre et faites-y revenir les morceaux de poulet, jusqu'à ce qu'ils soient bien dorés, pendant 10 mn environ. Retirez-les avec une écumoire, puis rangez-les dans un plat à four pouvant tout juste les contenir les uns à côté des autres.

3. Jetez le gras contenu dans la sauteuse, versez-y le vin et 1/4 de litre d'eau. Déglacez en raclant le fond de la sauteuse avec une spatule. Versez ce liquide chaud sur le poulet et glissez le plat au four. Laissez cuire pendant 40 mn.

4. Au bout de ce temps, retirez le plat du four et recueillez le jus de cuisson dans un bol. Râpez les fromages.

5. Faites fondre le reste du beurre dans une casserole, poudrez-le de farine et mélangez pendant 1 mn. Versez-y alors le jus de cuisson du poulet, salez, poivrez, ajoutez 1 pincée de noix muscade. Laissez frémir pendant 5 mn, jusqu'à ce que vous obteniez une sauce onctueuse.

6. Battez la crème dans un bol et incorporez-y les jaunes d'œufs. Versez ce mélange dans la casserole avec la moitié du fromage. Mélangez jusqu'à ce que le fromage soit fondu.

7. Versez la moitié de la sauce sur le poulet, poudrez du reste du fromage, puis nappez du reste de sauce. Remettez le plat au four et laissez dorer pendant 10 mn.

8. Servez le poulet au fromage très chaud dans son plat de cuisson.

Poulet aux huîtres
Charente

Pour 4 personnes
Préparation et cuisson : 1 h

- 1 poulet de 1,2 kg coupé en 6 morceaux
- 2 douzaines d'huîtres
- 1 oignon
- 1 gousse d'ail
- 4 tranches de pain de mie
- 50 g de beurre
- 1 cuil. à soupe d'huile
- sel, poivre

1. Pelez l'oignon et la gousse d'ail et hachez-les.

2. Faites chauffer l'huile dans une sauteuse ; ajoutez-y 25 g de beurre. Dès qu'il est fondu, faites-y revenir les morceaux de poulet, jusqu'à ce qu'ils soient dorés de tous côtés. Retirez-les et mettez à leur place le hachis d'ail et d'oignon. Faites-le revenir à feu modéré, jusqu'à ce qu'il soit blond.

3. Remettez les morceaux de poulet dans la sauteuse, ajoutez 1 cuillerée à soupe d'eau, salez légèrement, poivrez, couvrez et laissez cuire à feu doux pendant 1 h.

4. Pendant ce temps, ouvrez les huîtres en réservant le jus qui s'écoule pendant cette opération et celui qui reste dans les coquilles. Jetez les coquilles. Egouttez les huîtres et filtrez tout le jus recueilli à travers une passoire fine.

5. 15 mn avant la fin de la cuisson du poulet, faites fondre le reste du beurre dans une poêle et faites-y dorer les tranches de pain des 2 côtés. Retirez-les de la poêle et gardez-les au chaud.

6. Lorsque le poulet est cuit, retirez-le de la sauteuse et gardez-le au chaud. Versez le jus de cuisson dans une casserole en le passant dans une passoire fine. Ajoutez-y le jus des huîtres. Posez la casserole sur feu doux, portez à ébullition, puis plongez-y les huîtres et laissez-les frémir pendant 30 secondes. Egouttez-les avec une écumoire et posez-les sur les tranches de pain.

7. Faites réduire le jus contenu dans la casserole jusqu'à obtention d'une sauce sirupeuse. Versez-la dans une saucière.

8. Disposez le poulet sur un plat de service ; entourez-le des toasts aux huîtres et servez aussitôt.

Le poulet « vallée d'Auge » tire son nom d'une région de Normandie appelée le pays d'Auge et dont la principale richesse est la pomme.

L'huître plate est la seule qui mérite le nom d'huître. C'est l'huître véritable — ostrea edulis — par opposition à l'huître creuse — gryphea angulata — qui est un mollusque. L'huître plate a toujours existé en France ; en Gironde, on trouvait autrefois des bancs naturels de marennes — dont la belon, cette huître verte si délicate, aujourd'hui hélas ! en voie de disparition.

Coq en pâte

Périgord

Pour 6 personnes
Préparation : 30 mn - Cuisson : 1 h 10

- 1 jeune coq de 1,5 kg
- 4 échalotes grises
- 4 brins de persil plat
- le foie du coq
- 100 g de foies de volaille
- 2 œufs

- 2 cuil. à soupe de cognac
- 80 g de beurre
- 500 g de pâte feuilletée (p. 19)
- poivre
- sel

1. Pelez les échalotes et hachez-les menu. Lavez le persil, essorez-le et ciselez-en les feuilles. Coupez le foie du coq et les foies de volaille en petits dés. Battez 1 œuf en omelette dans un bol.

2. Faites fondre 30 g de beurre dans une petite poêle et faites-y blondir les échalotes, puis ajoutez les foies hachés. Faites-les dorer pendant 1 mn et versez l'œuf battu dessus. Mélangez rapidement et retirez du feu. Ajoutez le persil haché et le cognac, salez, poivrez et mélangez bien. Farcissez la volaille avec cette préparation.

3. Cousez l'ouverture avec une grosse aiguille et du gros fil de coton. Bridez le coq ou ficelez simplement les pilons et les ailes au corps de la volaille.

4. Faites fondre le reste du beurre dans une cocotte et faites-y dorer le coq sur toutes ses faces. Salez. Poivrez. Retirez la volaille de la cocotte.

5. Allumez le four, thermostat 7 (230°). Humidifiez la plaque à pâtisserie du four. Ne la graissez pas.

6. Divisez la pâte en 2 parts, l'une équivalant au 1/3, l'autre aux 2/3. Etalez la plus petite part au rouleau sur 0,5 cm d'épaisseur. Posez-la sur la plaque du four. Placez le coq dessus. Etalez la deuxième partie de la pâte sur la même épaisseur. Posez-la sur la volaille. Humectez les bords des 2 abaisses de pâte pour qu'elles puissent se souder. Roulez-les vers l'intérieur. Pincez les bords avec les doigts. Décorez la surface de la pâte avec des chutes de pâte étalées et découpées à l'emporte-pièce, selon votre goût.

7. Battez 1 œuf dans un bol avec 1 cuillerée à soupe d'eau. Badigeonnez-en la pâte avec un pinceau. Faites un petit trou sur le haut de la pâte et introduisez-y un petit morceau de papier sulfurisé roulé comme un cigare pour former une cheminée et permettre à la vapeur de s'échapper pendant la cuisson. Laissez cuire au four pendant 1 h.

8. Servez ce coq en pâte tout chaud, dès la sortie du four. Découpez-le à table.

□ Pour découper facilement ce coq, il faut dégager la partie supérieure de la pâte, en une sorte de grand couvercle, puis retirer le coq et le découper, avec sa farce. On découpe ensuite la pâte et chaque convive reçoit un morceau de poulet, une tranche de farce et une part de pâte.

Les farces varient à l'intérieur même du Périgord : les foies de volaille sont remplacés par de la chair à saucisse, on y ajoute des lamelles de truffe...

Coq en pâte ; Poulet vallée d'Auge.

Poulet basquaise
Pays basque

Pour 6 personnes
Préparation : 20 mn - Cuisson : 1 h 15

- 1 poulet de 1,2 kg coupé en 8 morceaux
- 4 poivrons verts
- 500 g de tomates
- 1 tranche de jambon de Bayonne de 200 g
- 6 petites saucisses basques au piment
- 1 dl de vin blanc sec
- 3 gousses d'ail
- 2 gros oignons
- 1 cuil. à soupe de persil plat ciselé
- 25 g de beurre
- 1 cuil. à soupe d'huile
- sel, poivre

1. Lavez les poivrons, essuyez-les et coupez-les en fines rondelles en ôtant les graines. Plongez les tomates quelques secondes dans de l'eau bouillante, rafraîchissez-les sous l'eau courante, pelez-les, coupez-les en deux et pressez-les pour en ôter les graines. Hachez très finement la pulpe au couteau. Pelez les gousses d'ail et les oignons et hachez-les finement.

2. Faites chauffer l'huile dans une sauteuse, ajoutez-y le beurre et, dès qu'il est fondu, faites-y revenir les morceaux de poulet pendant 10 mn environ, jusqu'à ce qu'ils soient bien dorés. Retirez-les de la sauteuse et mettez à leur place le hachis d'ail et d'oignon. Mélangez pendant 1 mn, puis ajoutez les poivrons et faites revenir le tout pendant 4 mn, à feu doux, en remuant souvent.

3. Remettez les morceaux de poulet dans la sauteuse, ajoutez les tomates et le vin blanc. Salez. Poivrez. Mélangez, couvrez et laissez cuire à feu doux pendant 45 mn.

4. Pendant ce temps, coupez le jambon en cubes. Coupez les saucisses en rondelles de 1 cm d'épaisseur.

5. Lorsque le poulet a cuit 45 mn, retirez-le de la sauteuse et faites réduire le jus de cuisson à feu modéré pendant quelques minutes.

6. Mettez le jambon dans une poêle à revêtement antiadhésif et faites-le revenir 1 mn à feu doux. Gardez au chaud. Faites revenir les saucisses de la même façon.

7. Lorsque le jus de cuisson du poulet a suffisamment réduit pour bien enrober les morceaux de poulet, remettez ceux-ci dans la sauteuse et mélangez pendant 1 mn pour les réchauffer.

8. Disposez les morceaux de poulet dans un plat de service, nappez-les de sauce et entourez-les de jambon et de saucisses. Parsemez le plat de persil et servez sans attendre.

☐ Servez ce poulet très parfumé avec du riz blanc.
Les saucisses basques au piment, légèrement aillées, s'appellent « louquenkas » ; elles sont exquises, très relevées. Il est assez difficile, hélas, de s'en procurer en dehors de leur région d'origine.

Poulet aux écrevisses

Lyonnais

Pour 6 personnes
Préparation et cuisson : 1 h 15

- 1 poulet de 1,6 kg coupé en 8 morceaux
- 1 gousse d'ail
- 250 g de tomates
- 2 cuil. à soupe de cognac
- 1 dl de vin blanc sec
- 125 g de crème fraîche
- 1 cuil. à soupe de persil et d'estragon ciselés
- 30 g de beurre
- sel, poivre

Pour les écrevisses :
- 24 écrevisses
- 1 oignon
- 2 échalotes
- 1 carotte
- 1 pincée de thym
- 1 feuille de laurier
- 3 cl de cognac
- 2,5 dl de vin blanc
- 40 g de beurre
- sel, poivre

1. Pelez la gousse d'ail et écrasez-la d'un coup sec du plat de la main. Ebouillantez les tomates, rafraîchissez-les, pelez-les, coupez-les en deux et pressez-les pour en ôter les graines. Hachez très finement la pulpe au couteau.

2. Faites fondre le beurre dans une sauteuse et faites-y dorer légèrement les morceaux de poulet à feu très doux. Salez. Poivrez. Ajoutez le cognac, le vin blanc, l'ail et la pulpe de tomate. Couvrez la sauteuse et laissez cuire 40 mn à feu doux.

3. Pendant ce temps, châtrez les écrevisses. Pelez l'oignon et les échalotes et hachez-les menu. Pelez la carotte, lavez-la et coupez-la en fines rondelles. Faites fondre le beurre dans une sauteuse et faites-y à peine blondir l'oignon, la carotte et les échalotes, puis ajoutez les écrevisses, du sel, du poivre, le thym et le laurier. Faites sauter les écrevisses à feu vif, jusqu'à ce qu'elles deviennent rouges, puis mouillez avec le cognac et le vin. Couvrez et faites cuire 10 mn.

4. Décortiquez 18 écrevisses. Gardez les 6 autres pour la décoration.

5. Lorsque le poulet est cuit, mettez-le sur un plat avec les écrevisses. Ajoutez la sauce des écrevisses à la sauce du poulet. Laissez réduire à feu vif et à découvert jusqu'à ce qu'il reste 2 dl de sauce. Ajoutez la crème et remettez dans la sauteuse les écrevisses et le poulet. Laissez mijoter 5 mn.

6. Disposez le poulet et les écrevisses sur un plat de service. Décorez avec les écrevisses entières. Arrosez le tout de sauce en la passant à travers une passoire. Poudrez de fines herbes et servez.

Poulet aux quarante gousses d'ail

Provence

Pour 6 personnes
Préparation : 15 mn - Cuisson : 2 h

- 1 poulet de 1,5 kg prêt à cuire
- 40 gousses d'ail nouveau
- 2 branches de thym
- 2 branches de romarin
- 4 feuilles de sauge fraîche
- 4 brins de persil plat
- 2 branches de céleri avec leurs feuilles
- 4 cuil. à soupe d'huile d'olive
- 6 cuil. à soupe de farine
- sel, poivre

Pour servir :
- tranches de pain grillées

1. Allumez le four, thermostat 5 (170°). Salez et poivrez le poulet à l'intérieur et à l'extérieur. Séparez les gousses d'ail les unes des autres, pelez-les, mais laissez la dernière enveloppe.

2. Lavez le céleri et épongez-le. Mettez 1 branche de thym, 1 branche de romarin, 1 feuille de sauge, 2 brins de persil, les branches de céleri et 4 gousses d'ail à l'intérieur du poulet. Mettez le reste des herbes et des gousses d'ail dans une cocotte pouvant juste contenir le poulet ; ajoutez-y l'huile et mélangez. Roulez le poulet dans l'huile parfumée.

3. Délayez la farine avec un peu d'eau pour obtenir une pâte molle et légèrement collante. Déposez cette pâte sur le tour de la cocotte, en un petit rouleau. Posez le couvercle sur ce rouleau en appuyant : assurez-vous qu'il ne reste pas de vide.

4. Glissez la cocotte au four et laissez cuire le poulet pendant 2 h.

5. Au bout de çe temps, retirez le couvercle de la cocotte en cassant la pâte. Mettez le poulet dans un plat de service et entourez-le des gousses d'ail.

6. Ôtez le gras qui surnage sur la sauce à l'aide d'une cuillère. Versez la sauce dans une saucière en la passant à travers une passoire.

7. Servez le poulet tout chaud avec la sauce en saucière. Répartissez les gousses d'ail entre les convives ; chacun écrasera les gousses d'ail à la fourchette afin de les faire sortir de leur enveloppe, puis en tartinera les tranches de pain grillées.

...ulet basquaise ; Poulet ...x quarante gousses ...ail.

Canard à l'orange
Orléanais

Pour 4 personnes
Préparation et cuisson : 1 h 20

- 1 canard de 1,5 kg
- 6 oranges non traitées
- 1 citron non traité
- 100 g de sucre semoule
- 5 cl de vinaigre de vin
- 1 cuil. à café de Maïzena
- 1 dl de vin blanc sec
- 4 cuil. à soupe de curaçao
- 1 cuil. à soupe de gelée de groseille
- 1 cuil. à soupe d'huile
- sel, poivre

1. Allumez le four, thermostat 7 (230°).

2. Salez et poivrez l'intérieur du canard. Bad geonnez-le d'huile extérieurement. Huilez un plat a lant au four. Posez-y le canard. Glissez-le au four laissez cuire pendant 1 h. Si, pendant la cuisson, jus rendu par le canard a tendance à caramélise ajoutez 2 ou 3 cuillerées à soupe d'eau dans le pla

3. Pendant ce temps, préparez les fruits : pele 2 oranges et le citron, en ne prélevant que la parti colorée de l'écorce sans aucune trace blanche. Cou pez ces rubans de zeste en fines lamelles de 2 mr de large. Faites bouillir de l'eau dans une cassero et faites-y blanchir les lamelles de zeste pendar 1 mn, puis égouttez-les et réservez-les. Pressez le 2 oranges et le citron pelés. Mélangez leur jus dar un bol.

4. Pelez à vif les 4 oranges restantes et coupez-le en quartiers.

5. Mettez le sucre dans une casserole ave 2 cuillerées à soupe d'eau. Posez la casserole su feu moyen et faites cuire le sucre jusqu'à ce qu vous obteniez un caramel roux. Ajoutez-y alors vinaigre et le jus des fruits ; faites bouillir 1 mn e tournant avec une spatule pour bien faire dissoudr le caramel, puis éteignez le feu.

6. Lorsque le canard est cuit, faites couler dans plat de cuisson le jus qui s'est formé à l'intérieur d la volaille. Découpez celle-ci et rangez les morceau sur un plat de service. Salez-les. Couvrez-les d'un feuille de papier sulfurisé et tenez-les au chau dans le four éteint.

7. Dégraissez le jus de cuisson. Posez-le sur le feu Ajoutez-y le vin blanc et laissez réduire de moitié e grattant bien le fond du plat pour détacher les sucs

8. Délayez la Maïzena avec le curaçao. Ajoutez mélange dans le plat ainsi que le contenu de l casserole et la gelée de groseille. Faites bouill 1 mn pour que la sauce épaississe et que la gelé fonde, puis ajoutez les zestes et les quartiers de fruit Faites mijoter encore 1 mn et versez le tout dans plat de service autour du canard. Servez très chau

---

Lucie Delarue-Madrus, poète normand, a écrit : « L'odeur de mon pays était dans une pomme. » Et cette pomme est la richesse du pays normand ; elle lui a offert le cidre, et une eau-de-vie de cidre, le calvados. On ne sait pas très bien quand fut découvert le procédé de fabricaton du cidre, mais on pense que dès le 16ᵉ siècle, le jus fermenté de la pomme pressée commença à concurrencer la cervoise, sorte de bière très populaire pendant tout le Moyen-Age. Mais n'oublions pas que le cidre n'est pas exclusivement normand : il est aussi fabriqué en Bretagne.

Canard à la normande
Normandie

Pour 6 personnes
Préparation et cuisson : 1 h 30

- 1 canard de 2 kg prêt à cuire
- 4 pommes reinettes ou golden
- 4 cuil. à soupe de calvados
- 2 dl de cidre brut
- 125 g de crème fraîche épaisse
- 50 g de beurre
- 2 cuil. à soupe d'huile
- sel, poivre

1. Salez et poivrez l'intérieur du canard. Faites chauffer l'huile dans une cocotte, ajoutez-y 25 g de beurre et faites-y dorer le canard.

2. Jetez la graisse de cuisson, mouillez avec le cidre ; salez, poivrez et faites cuire à feu doux pendant 1 h en retournant souvent le canard.

3. 20 mn avant la fin de la cuisson du canard, préparez les pommes : coupez-les en quatre, pelez-les et ôtez-en le cœur. Faites fondre 25 g de beurre dans une sauteuse. Mettez-y les quartiers de pomme. Salez et poivrez-les. Couvrez et laissez cuire pendant 15 mn. Retournez délicatement les pommes pendant leur cuisson afin qu'elles dorent de tous côtés. Gardez-les au chaud.

4. Lorsque le canard est cuit, retirez-le de la cocotte et gardez-le au chaud. Faites réduire le jus de cuisson à feu vif, jusqu'à ce qu'il en reste environ 3 cuillerées à soupe. Ajoutez-y le calvados et la crème et laissez cuire à petits frémissements jusqu'à obtention d'une sauce onctueuse.

5. Découpez le canard et posez-le sur un plat de service. Entourez-le des pommes.

6. Lorsque la sauce est onctueuse, retirez la cocotte du feu et ajoutez-y le beurre restant. Incorporez-le à la sauce en battant au fouet à main. Nappez le canard de sauce et servez aussitôt.

Canard aux herbes

Alsace - Lorraine

Pour 6 personnes
Préparation et cuisson : 1 h 15

1 canard de 2 kg coupé en 6 morceaux	● 3 brins de cerfeuil
150 g d'oseille	● 1 bouquet de ciboulette
150 g d'épinards	
1 laitue	● 2 dl de vin blanc sec
150 g de poireaux	
1 petit cœur de céleri	● 100 g de crème fraîche
3 brins d'estragon	● 50 g de lard gras
10 brins de persil	● 1 cuil. à café de farine
3 feuilles de menthe	● sel, poivre

1. Faites fondre le lard dans une cocotte et faites-y revenir les morceaux de canard, pendant 5 mn environ, jusqu'à ce qu'ils soient dorés de tous côtés. Poudrez-les de farine et remuez pendant 1 mn. Versez alors le vin, salez et poivrez, remuez, couvrez et laissez cuire pendant 30 mn.

2. Pendant ce temps, préparez les légumes et les herbes : ôtez les tiges et les nervures centrales des épinards. Lavez-les et égouttez-les. Coupez-les en fines lanières. Faites de même avec l'oseille. Lavez la laitue, effeuillez-la et coupez les feuilles en lanières. Nettoyez les poireaux et émincez finement le vert et le blanc. Lavez le cœur de céleri et émincez-le très finement. Lavez les fines herbes, ôtez-en les tiges et ciselez finement les feuilles ; ciselez aussi la ciboulette. Mélangez légumes et herbes dans une terrine.

3. Au bout de 30 mn de cuisson du canard, ôtez le couvercle de la cocotte et laissez s'évaporer le jus de cuisson. Ajoutez alors les herbes et les légumes en deux ou trois fois, en tournant sans cesse afin qu'ils se fanent rapidement, pendant 10 mn environ.

4. Versez alors la crème dans la cocotte, salez, poivrez, couvrez et laissez cuire pendant encore 30 mn en remuant de temps en temps.

5. Lorsque le canard aux herbes est cuit, versez le contenu de la cocotte dans un plat creux et servez aussitôt.

□ Accompagnez ce canard de pommes vapeur ou de riz blanc cuit à l'eau.

Ci-dessus : Canard aux herbes ;
Canard à l'orange.
Ci-contre : Canard à la normande.

Faisan en barbouille

Berry

Pour 8 personnes
Préparation : 30 mn - Cuisson : 1 h 45

- 2 faisans plumés et vidés
- 4 carottes
- 4 oignons
- 1 branche de céleri
- 1/4 de litre de vin rouge
- 3 cuil. à soupe de cognac
- 1,5 dl de fond de gibier (p. 9)
- 10 petits cèpes ou champignons de Paris
- 100 g de lard de poitrine fumé
- 24 petits oignons
- 100 g de beurre
- 2 gousses d'ail
- 1 cuil. à soupe d'huile
- 1 cuil. à soupe de farine
- sel, poivre

1. Coupez chaque faisan en 4 morceaux. Pelez les oignons et les carottes et émincez-les. Lavez la branche de céleri et coupez-la en lamelles. Pelez les gousses d'ail et écrasez-les d'un coup sec du plat de la main.

2. Faites chauffer l'huile dans une cocotte, ajoutez-y la moitié du beurre et faites-y revenir les oignons, les carottes et le céleri à feu doux pendant 2 mn. Ajoutez alors les morceaux de faisan et faites-les dorer de tous côtés. Poudrez de farine et remuez pendant 1 mn. Versez le cognac, flambez, puis, dè que la flamme s'est éteinte, versez le vin et le fon de gibier. Mélangez. Salez peu, poivrez, couvrez e laissez cuire à petits frémissements pendant 1 h.

3. Pendant ce temps, ôtez la couenne du lard e coupez-le en bâtonnets. Ôtez les pieds des cèpes c la partie terreuse du pied des champignons de Pc ris ; essuyez soigneusement les champignons ; cou pez-les en deux. Pelez les oignons.

4. Faites fondre 25 g de beurre dans une poêle e faites-y revenir lard et champignons à feu modéré jusqu'à ce qu'ils soient dorés et qu'il n'y ait plus d liquide dans la poêle.

5. Retirez le lard et les champignons avec un écumoire. Faites fondre le reste du beurre dans l poêle et faites-y dorer les petits oignons à feu doux

6. Au bout de 1 h de cuisson des faisans, retire les morceaux de faisan de la cocotte. Passez le ju de cuisson contenu dans la cocotte à travers un to mis, en écrasant bien les légumes pour qu'ils dor nent tout leur parfum. Rincez la cocotte et versez-y jus passé ; ajoutez-y les morceaux de faisan, les la dons et les champignons. Couvrez et laissez cuire petits frémissements pendant encore 30 mn.

7. 5 mn avant la fin de la cuisson, ajoutez le oignons aux faisans.

8. Lorsque les faisans sont cuits, mettez-les dan un plat, nappez-les de sauce et servez chaud.

Lapin à l'ail en cocotte

Cévennes

Pour 6 personnes
Préparation et cuisson : 1 h 20

- 1 lapin de 1,5 kg dépouillé et vidé, avec son foie
- 25 gousses d'ail nouveau
- 50 g de lard gras frais
- 2 cuil. à soupe d'huile
- sel, poivre

1. Séparez les gousses d'ail les unes des autres en éliminant les enveloppes, sauf la dernière. Ficelez le lapin de façon à le faire entrer facilement dans une cocotte ovale.

2. Faites chauffer l'huile dans la cocotte, ajoutez le lard gras et, lorsqu'il est fondu, faites-y dorer le lapin, 5 mn de chaque côté, jusqu'à ce qu'il soit bien doré. Retirez-le de la cocotte, mettez à sa place les gousses d'ail, mélangez pendant 1 mn, puis versez 1 dl d'eau. Salez, poivrez, posez le lapin sur les gousses d'ail. Couvrez et laissez cuire pendant 1 h, en retournant le lapin à mi-cuisson. Ajoutez un peu d'eau dans la cocotte si le jus s'évapore trop vite. Ajoutez le foie 5 mn avant la fin de la cuisson.

3. Lorsque le lapin est cuit, retirez-le de la cocotte avec le foie. Découpez le lapin et mettez-le dans un plat de service. Gardez au chaud.

4. Ecrasez les gousses d'ail à la fourchette afin de les faire sortir de leur enveloppe. Eliminez les enveloppes et écrasez finement l'ail. Mettez la purée obtenue dans la cocotte, mélangez et versez cette sauce en saucière.

5. Servez le lapin tout chaud avec sa sauce à l'ail à part.

□ Cette préparation est appelée en langue d'Oc à la « cavilhada » ; elle convient aussi à un rôti de porc.

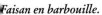

Faisan en barbouille.

Noisettes de chevreuil Saint-Hubert

Alsace

Pour 4 personnes
Marinade : 12 h - Préparation et cuisson : 20 mn

- 750 g de filet de chevreuil coupé en 4 tranches
- 1/2 litre de vin blanc sec d'Alsace
- 1 carotte
- 1 oignon
- 5 cl de cognac
- 1 dl de fond de gibier (p. 9)
- 100 g de crème fraîche épaisse
- 1 cuil. à soupe de gelée de groseille
- 6 baies de genièvre
- 1 branche de thym
- 1 feuille de laurier
- 25 g de beurre
- poivre
- sel

1. 12 h avant la cuisson des noisettes de chevreuil, préparez la marinade : pelez l'oignon et la carotte et émincez-les. Mettez-les dans un plat, ajoutez-y thym, laurier, genièvre et les tranches de chevreuil. Arrosez de vin blanc, couvrez et laissez mariner pendant 12 h au réfrigérateur en remuant plusieurs fois avec une spatule en bois.

2. 12 h plus tard, égouttez les noisettes de chevreuil et épongez-les. Eliminez la marinade et ses légumes. Faites fondre le beurre dans une poêle et faites-y revenir les noisettes de chevreuil 4 mn de chaque côté. Retirez-les de la poêle et gardez-les au chaud.

3. Eliminez le gras contenu dans la poêle et versez-y le cognac et le fond de gibier. Laissez réduire de moitié en grattant le fond de la poêle à la spatule pour détacher les sucs de viande. Ajoutez alors la gelée de groseille et la crème. Salez, poivrez et laissez cuire pendant quelques minutes jusqu'à obtention d'une sauce onctueuse.

4. Nappez les noisettes de sauce et servez.

□ Ces noisettes de chevreuil sont traditionnellement accompagnées de pommes reinettes entières, pelées et évidées, puis cuites dans un sirop léger et servies chaudes emplies de confiture d'airelles et de chanterelles à la crème.

Cette préparation « Saint-Hubert » est appliquée aux préparations de cerf et de chevreuil. Saint-Hubert, avec Saint-Eustache, est le patron des chasseurs ; on le représente souvent en chasseur, agenouillé devant un cerf crucifié.

Les viandes

Ce chapitre est consacré aux viandes provenant d'animaux dits de boucherie : bœuf, veau, porc et agneau. Les abats sont vendus par les bouchers, du moins pour certains d'entre eux, mais aussi chez les tripiers.

L'ancêtre du bœuf que nous connaissons aujourd'hui est le bœuf sauvage — bos primigenius — domestiqué il y a près de 8 000 ans en Turquie. Aujourd'hui, il existe plusieurs centaines de races différentes de bovins, réparties sur toute la planète. Ces races sont sélectionnées afin d'obtenir une viande d'excellente qualité, tendre et parfumée. Le bœuf est le plus souvent nourri d'herbe puis, quelques mois avant l'abattage, de grains. Il est abattu à deux ans au plus, alors que le veau est mis sur le marché de 3 à 6 mois après sa naissance.

Le porc a toujours nourri une grande partie de la population. Il était souvent élevé dans les fermes et l'on procédait à l'abattage à l'âge de douze mois, entre novembre et mars. Ce cochon nourri de produits naturels de la ferme (châtaignes, pommes de terre, lait) avait une chair incomparable qu'il est très difficile de retrouver aujourd'hui. L'intérêt de cet animal réside dans le fait qu'il est entièrement « comestible » ! En effet, des oreilles à la queue, avec son contenu de filets, de côtes, de lard, de couennes, tout est bon. Le poète Charles Moncelet lui a dédié un poème célèbre où il le qualifiait d'« adorable », d'« animal roi », et même de « cher ange » !

L'agneau est un animal de trois mois minimum. Plus jeune, c'est-à-dire de six à huit semaines, c'est un agneau de lait. Plus vieux, c'est un mouton. Ce dernier a, hélas ! tendance à disparaître de plus en plus de notre cuisine. Son goût trop prononcé ne correspond plus aux désirs des consommateurs tournés vers des saveurs moins affirmées. Pourtant, un mouton de bonne qualité reste un produit exquis.

Si vous êtes un grand amateur de viandes, vous savez qu'il faut toujours choisir les morceaux avec soin. Demandez conseil à votre boucher : il connaît parfaitement sa marchandise et il saura, en outre, vous donner d'excellentes consignes de cuisson.

Echine à la bière

Lorraine

Pour 4-5 personnes
Préparation : 10 mn - Cuisson : 1 h 45

- 1 kg d'échine de porc désossée et ficelée
- 3,5 dl de bière blonde
- 750 g d'oignons
- 2 cuil. à soupe de chapelure blanche
- 1 bouquet garni : 1 feuille de laurier, 1 branche de thym, 4 tiges de persil
- 25 g de saindoux
- sel, poivre

1. Pelez les oignons et émincez-les très finement. Faites fondre le saindoux dans une cocotte ovale pouvant tout juste contenir la viande et faites-y dorer l'échine de tous côtés. Retirez-la de la cocotte.

2. Faites blondir les oignons dans la cocotte en les remuant avec une spatule. Ajoutez la chapelure, remuez jusqu'à ce qu'elle soit blonde également.

3. Remettez la viande dans la cocotte, salez, poivrez, arrosez avec la bière, ajoutez le bouquet garni et portez à ébullition. Couvrez et laissez cuire 1 h 30 à feu doux en retournant la viande 2 ou 3 fois.

4. Lorsque la viande est cuite, mettez-la sur un plat de service ; entourez-la des oignons et nappez-la du jus de cuisson. Servez chaud.

Porc au lait.

Porc au lait
Bretagne

Pour 6 personnes
Préparation : 10 mn - Cuisson : 2 h 10

- 1,5 kg de carré de porc désossé et ficelé
- 1 litre de lait entier
- 4 gousses d'ail
- 4 tiges de persil
- 2 branches de thym
- 1 feuille de laurier
- 25 g de beurre
- noix muscade
- sel, poivre

1. Pelez 2 gousses d'ail et coupez-les en fins éclats. A l'aide d'un petit couteau, faites des entailles sur toute la surface du carré et glissez-y les éclats d'ail. Salez et poivrez la viande.

2. Faites fondre le beurre dans une cocotte ovale, juste assez grande pour contenir le carré de porc. Faites revenir celui-ci dans le beurre chaud, pendant 10 mn environ, jusqu'à ce qu'il soit doré de tous côtés. Retirez-le de la cocotte et jetez tout le gras rendu par le porc. Essuyez la cocotte.

3. Ecrasez les 2 autres gousses d'ail d'un coup sec du plat de la main, sans les peler. Remettez le carré dans la cocotte, ajoutez les gousses d'ail, les tiges de persil, le thym et le laurier. Versez le lait : il doit juste recouvrir le carré. Ajoutez 1 pincée de sel et de poivre et de la noix muscade râpée. Portez à ébullition sur feu doux et laissez cuire à petits frémissements pendant 2 h, en retournant le rôti 4 fois pendant la cuisson.

4. Lorsque le porc est cuit, posez-le sur un plat de service. Ôtez thym, laurier, persil et gousses d'ail et passez la sauce (très réduite et granuleuse) au mixer, jusqu'à obtention d'une crème lisse. Versez la sauce en saucière et servez aussitôt.

□ Ce plat savoureux peut aussi être cuit en cocotte couverte au four pendant 1 h 45 environ. La viande devient moelleuse et très parfumée. Vous la servirez avec de simples pommes vapeur.

Porc aux quetsches
Lorraine

Pour 6-8 personnes
Préparation et cuisson : 2 h

- 1,5 kg d'échine ou de pointe de porc désossée et ficelée
- 1 chou vert
- 1 kg de quetsches
- 1 cuil. à soupe de cassonade
- 6 feuilles de sauge
- 25 g de saindoux
- sel, poivre

1. Allumez le four, thermostat 5 (170°). Etalez 1 noix de saindoux dans un plat à four. Salez et poivrez la viande, posez-la dans le plat et ajoutez la sauge. Laissez cuire au four pendant 1 h 45 en retournant le rôti 2 ou 3 fois. Ajoutez un peu d'eau chaude si le jus s'évapore trop vite.

2. Ôtez les feuilles extérieures du chou, coupez celui-ci en quatre et ôtez-en le centre dur. Coupez chaque quart en trois. Lavez les quetsches.

3. 30 mn avant la fin de la cuisson du porc, faites fondre le reste du saindoux dans une sauteuse et faites-y dorer les lamelles de chou pendant 5 mn, en remuant sans arrêt. Salez. Poivrez. Ajoutez 1 dl d'eau, couvrez et laissez cuire 20 mn en mélangeant de temps en temps.

4. 15 mn avant la fin de la cuisson de la viande, versez 2,5 dl d'eau et la cassonade dans une casserole. Portez à ébullition sur feu doux et remuez jusqu'à ce que le sucre soit fondu. Ajoutez les quetsches et laissez mijoter pendant 10 mn.

5. Disposez la viande sur un plat de service. Dégraissez le jus de cuisson. Retirez la sauge. Entourez le porc du chou et gardez au chaud. Egouttez les quetsches ; ajoutez-les au jus de cuisson du porc ; disposez-les dans un plat creux.

6. Servez très chaud avec les quetsches à part.

Caghuse
Artois

Pour 6 personnes
Préparation : 10 mn - Cuisson : 1 h 45
Repos : 6 h

- 1 rouelle de porc de 1,5 kg environ
- 1 kg d'oignons
- 25 g de beurre
- 2 cuil. à soupe de vinaigre de vin blanc
- poivre
- sel

1. Allumez le four, thermostat 5 (170°). Beurrez un plat à four pouvant contenir largement la rouelle. Pelez les oignons et émincez-les. Etalez la moitié des oignons au fond du plat, salez, poivrez et posez la rouelle sur ce lit d'oignon. Répartissez le reste des oignons autour de la viande. Salez et poivrez la viande. Répartissez le reste du beurre en noisettes sur la viande et les oignons.

2. Glissez le plat au four et laissez cuire pendant 1 h 45. Ajoutez un peu d'eau dans le plat si la préparation a tendance à sécher.

3. Lorsque le porc est cuit, retirez-le du plat. Versez le vinaigre sur les oignons et mélangez. Reposez la viande au milieu des oignons, couvrez et laissez refroidir pendant 6 h au moins.

Caillettes
Nice

Pour 6 personnes
Préparation et cuisson : 2 h

- 750 g d'échine de porc désossée
- 200 g de lard gras
- 150 g de riz
- 500 g de feuilles de blettes
- 1 grande crépine de porc
- 2 cuil. à soupe d'huile d'olive
- 1 cuil. à café de thym émietté
- 2 gousses d'ail
- 3 feuilles de sauge fraîches
- sel, poivre

1. Faites bouillir de l'eau dans une casserole, salez-la et plongez-y le riz. Laissez-le cuire pendant 20 mn environ, jusqu'à ce qu'il soit tendre.

2. Lavez les feuilles de blettes, ôtez-en la nervure centrale et hachez grossièrement la partie verte. Faites-les cuire 5 mn dans de l'eau bouillante salée.

3. Hachez la viande et le lard au hachoir. Pelez l'ail et hachez-le menu. Mettez la crépine dans une terrine d'eau froide. Ciselez finement la sauge.

4. Egouttez à fond les feuilles de blettes et hachez-les finement. Ajoutez-les aux viandes, ainsi que l'ail, le thym, la sauge, du sel et du poivre. Mélangez bien, puis égouttez le riz et ajoutez-le également.

5. Egouttez la crépine. Etalez-la délicatement sur la table. Coupez-la en 6 carrés de 15 cm de côté. Répartissez la préparation sur ces 6 carrés. Enveloppez-la soigneusement dans la crépine.

6. Faites chauffer l'huile dans une sauteuse. Placez-y les caillettes et faites-les cuire à feu doux et à couvert pendant 1 h. Retournez-les à mi-cuisson.

7. Servez les caillettes toutes chaudes ou complètement froides.

□ Chaudes, les caillettes se dégustent avec une sauce tomate ; froides, avec une salade verte. Vous pouvez aussi les faire cuire au four, thermostat 7 (230°) pendant 45 mn. Dans ce cas, posez-les dans un plat huilé, bien serrées les unes contre les autres.

Les caillettes se préparent dans tout le Midi, mais les recettes sont très différentes selon les régions. Certaines ne comportent que du foie de porc, des blettes et des épices (sans riz) et sont cuites avec du vin blanc ; elles sont ensuite conservées dans un pot de grès, recouvertes de saindoux. D'autres ne sont préparées qu'avec des abats de porc — foie, mou, cœur, joue — et des herbes ; on les cuit au four et on les déguste froides.

Porc aux pommes
Bretagne

Pour 6 personnes
Préparation et cuisson : 1 h 30

- 1 kg de filet de porc désossé et ficelé
- 1 kg de pommes reinettes ou golden
- 25 g de beurre
- 4 cuil. à soupe de cidre sec
- 2 cuil. à soupe de crème fraîche épaisse
- sel, poivre

1. Allumez le four, thermostat 6 (200°). Assaisonnez le rôti de sel et de poivre. Posez la viande dans un plat allant au four. Glissez au four et laissez cuire pendant 45 mn. Arrosez la viande de temps en temps avec son jus de cuisson et ajoutez de l'eau au fond du plat si cela est nécessaire.

2. Après 35 mn de cuisson, coupez les pommes en quartiers, pelez-les et ôtez-en le cœur.

3. Lorsque le rôti a cuit 45 mn, sortez le plat du four et éliminez la graisse de cuisson. Versez le cidre dans le plat et rangez les quartiers de pomme autour de la viande. Salez-les et poivrez-les ; répartissez le beurre dessus et laissez cuire pendant encore 30 mn.

4. Lorsque la cuisson est terminée, posez le rôti sur un plat de service et rangez les pommes autour. Versez la crème dans le plat de cuisson, grattez à la spatule pour détacher les sucs de cuisson de la viande, puis versez cette sauce sur les pommes et servez très chaud.

Porc aux pommes ; Porc aux lentilles.

Porc aux lentilles

Auvergne

Pour 6 personnes
Préparation et cuisson : 2 h 45

- 6 côtes de porc
- 6 petites saucisses à cuire
- 500 g de lentilles
- 50 g de saindoux
- 1/2 litre de fond de veau (p. 8)
- 4 feuilles de sauge fraîches
- 2 carottes
- 2 oignons
- 1 clou de girofle
- 1 feuille de laurier
- sel, poivre

1. Triez les lentilles, lavez-les et égouttez-les. Pelez 1 oignon et piquez-le du clou de girofle. Mettez le tout dans une marmite ainsi que le laurier. Couvrez d'eau froide ; portez à ébullition et laissez cuire à petits frémissements pendant 1 h, à couvert.

2. Pendant ce temps, pelez les carottes, lavez-les, coupez-les en quatre dans le sens de la longueur, puis en morceaux de 1 cm. Pelez le second oignon et hachez-le menu. Ciselez les feuilles de sauge, mettez-les dans une assiette avec du sel et du poivre. Passez les côtes de porc dans ce mélange. Piquez les saucisses à la fourchette pour leur éviter d'éclater pendant la cuisson.

3. Faites fondre le saindoux dans une sauteuse et faites-y dorer les côtes de porc 3 mn de chaque côté. Retirez-les et faites dorer les saucisses de la même façon. Retirez-les et jetez la moitié du gras contenu dans la sauteuse. Mettez-y les carottes et l'oignon et faites-les revenir pendant 5 mn à feu doux, en remuant sans arrêt. Remettez alors les côtes et les saucisses dans la sauteuse. Arrosez avec le fond de veau et portez à ébullition. Salez peu, poivrez.

4. Au bout de 1 h de cuisson, égouttez les lentilles et mettez-les dans la sauteuse avec l'oignon et le laurier. Couvrez et laissez cuire pendant encore 1 h 30.

5. Lorsque viandes et lentilles sont cuites, retirez l'oignon piqué du clou de girofle et la feuille de laurier de la sauteuse. Mettez les lentilles dans un plat creux, posez dessus côtes et saucisses et servez tout chaud.

□ Ce plat est traditionnellement préparé avec des lentilles vertes du Puy et des saucisses fraîches fabriquées dans la région.

Ci-dessus: *Echine de porc au raisin blanc.*
Ci-contre: *Entrecôtes bercy.*

Echine de porc au raisin blanc

Bourgogne

Pour 6 personnes
Préparation et cuisson: 2 h - Marinade: 4 h

- 1 kg d'échine de porc désossée et ficelée
- 1 kg de raisin blanc
- 1 branche de thym
- 1 branche de romarin
- 1 feuille de laurier
- 1 gousse d'ail
- 2 oignons
- 5 cl de marc
- 2 dl de vin blanc sec
- 100 g de crème fraîche épaisse
- 2 cuil. à soupe d'huile
- 30 g de beurre
- sel, poivre

1. Emiettez le thym, le laurier et le romarin dans une terrine. Pelez l'ail et écrasez-le. Epluchez les oignons et coupez-les en rondelles. Mettez ces éléments dans la terrine; salez, poivrez, ajoutez la moitié de l'huile et le marc. Mélangez. Roulez la viande dans cette préparation pour qu'elle s'en imprègne bien et laissez mariner au réfrigérateur pendant 4 h en retournant la viande au bout de 2 h.

2. Lorsque la viande a mariné pendant 4 h, égouttez-la et séchez-la dans du papier absorbant. Faites chauffer le reste de l'huile dans une cocotte, ajoutez-y le beurre et, dès qu'il est fondu, faites-y dorer le rôti sur toutes ses faces.

3. Filtrez la marinade et versez-la dans la cocotte avec le vin blanc. Salez, poivrez. Couvrez et faites cuire à feu très doux pendant 1 h 30.

4. Pendant ce temps, pelez le raisin, coupez les grains en deux et ôtez-en les pépins.

5. Au bout de 1 h 30 de cuisson, retirez le porc de la cocotte et posez-le sur une planche à découper. Mettez les grains de raisin dans la cocotte, couvrez et laissez cuire 10 mn.

6. Découpez le rôti et rangez les tranches sur un plat de service. Egouttez les raisins avec une écumoire et entourez-en les tranches de viande. Gardez au chaud.

7. Faites réduire le jus de cuisson à feu vif, jusqu'à obtention d'un jus sirupeux. Ajoutez-y la crème, mélangez et, lorsque la sauce est onctueuse, nappez-en la viande et le raisin. Servez très chaud.

Côtes de porc vigneronnes

Bourgogne

Pour 6 personnes
Préparation: 10 mn - Cuisson: 25 mn

- 6 côtes de porc dans le filet
- 250 g de tomates mûres à point
- 1,5 dl de vin blanc sec
- 25 g de saindoux
- 1 cuil. à café de moutarde forte
- 1 bouquet de ciboulette
- 1 cuil. à café de sucre
- sel, poivre

1. Lavez les tomates, essuyez-les, passez-les au moulin à légumes, grille moyenne et réservez le jus obtenu. Lavez la ciboulette, essorez-la et ciselez-la très finement.

2. Faites fondre le saindoux dans une poêle pouvant contenir les 6 côtes les unes à côté des autres. Faites cuire les côtes pendant 20 mn, en les retournant à mi-cuisson. Salez et poivrez légèrement. Mettez les côtes sur un plat de service et gardez-les au chaud.

3. Eliminez le gras contenu dans la poêle et versez-y le vin. Faites-le réduire à feu vif, en grattant le fond de la poêle à la spatule, jusqu'à ce qu'il en reste 2 cuillerées à soupe. Ajoutez alors le jus de tomate et laissez-le bouillir jusqu'à obtention d'une sauce onctueuse. Ajoutez le sucre et la moutarde, remuez pendant 30 secondes, puis retirez la poêle du feu. Ajoutez la ciboulette.

4. Nappez les côtes de porc avec la sauce et servez aussitôt dans des assiettes chaudes.

Steaks aux oignons
Franche-Comté

Pour 4 personnes
Préparation et cuisson : 20 mn

- 1 tranche de rumsteck de 750 g
- 750 g de gros oignons
- 2 dl de vin blanc sec
- 50 g de beurre
- sel, poivre

1. Pelez les oignons et émincez-les finement. Faites fondre la moitié du beurre dans une sauteuse et faites-y revenir les oignons à feu doux pendant 5 mn, en les mélangeant avec une spatule. Couvrez et laissez cuire à feu doux pendant 10 mn. Salez et poivrez en fin de cuisson.

2. Faites fondre le reste du beurre dans une poêle et faites-y cuire la viande 4 ou 5 mn de chaque côté, selon que vous l'aimez saignante ou à point. Retirez-la de la poêle et mettez-la dans un plat de service tenu au chaud.

3. Eliminez le gras de cuisson contenu dans la poêle et versez-y le vin. Laissez-le réduire à feu vif, en grattant le fond de la poêle avec une spatule afin de détacher les sucs de viande. Lorsque vous obtenez un jus sirupeux, nappez-en la viande.

4. Entourez le rumsteck d'oignons et servez sans attendre.

Vous pouvez parsemer la viande au tout dernier moment de fines herbes ciselées : persil et estragon par exemple ou ciboulette et persil.

Entrecôtes bercy
Ile-de-France

Pour 4 personnes
Préparation et cuisson : 20 mn

- 2 entrecôtes de 400 g chacune
- 1 cuil. à soupe d'huile
- 100 g de moelle de bœuf
- 125 g de beurre
- 1 dl de vin blanc
- 2 échalotes
- 1 cuil. à café de persil ciselé
- sel, poivre

1. Faites chauffer l'huile dans une poêle, ajoutez-y 25 g de beurre et faites-y cuire les entrecôtes à feu doux, de 3 à 4 mn de chaque côté, selon que vous les aimez saignantes ou à point.

2. Pendant ce temps, faites bouillir de l'eau dans une casserole, salez-la. Coupez la moelle en cubes de 2 cm. Plongez-la dans l'eau bouillante et laissez frémir 5 mn. Egouttez la moelle dans une passoire. Pelez les échalotes et hachez-les menu.

3. Lorsque les entrecôtes sont cuites, disposez-les sur un plat de service. Tenez celui-ci au chaud.

4. Jetez le gras de cuisson contenu dans la poêle et mettez-y les échalotes et le vin blanc, en grattant le fond avec une spatule pour détacher les sucs de cuisson de la viande. Laissez le vin réduire des trois quarts. Salez. Poivrez abondamment.

5. Coupez le reste du beurre en petits dés. Retirez la poêle du feu, ajoutez-y le beurre, puis la moelle en battant au fouet à main. Ajoutez le persil, mélangez et nappez les entrecôtes du beurre bercy. Servez sans attendre avec des pommes de terre frites.

L'entrecôte est un morceau tendre et savoureux que les amateurs préfèrent au faux-filet et même au filet. Elle peut être préparée à la Bercy ou à la marchand de vin (voir la recette du « beurre marchand de vin » p. 16).

Bœuf bourguignon
Bourgogne

Pour 8 personnes
Marinade : 6 h - Préparation : 30 mn
Cuisson : 3 h 30

- 1,8 kg de bœuf :
culotte, gîte, paleron
- 1 cuil. à soupe
de farine
- 1/2 litre de fond de
veau (p. 8)
- sel, poivre
Pour la marinade :
- 2 cuil. à soupe
de marc de Bourgogne
- 1/2 litre de vin
rouge de Bourgogne
- 1 gros oignon
- 1 feuille de laurier
- 1 branche de thym
- 1 branche de persil
- 2 cuil. à soupe
d'huile
Pour la garniture :
- 250 g de lard de
poitrine demi-sel
- 36 petits oignons
- 36 petits champignons
- 50 g de beurre

1. 6 h avant la cuisson, préparez la marinade : versez l'huile, le vin et le marc dans une grande terrine. Emiettez-y le thym et le laurier. Ajoutez le persil. Coupez la viande en cubes de 4 cm de côté. Pelez l'oignon et hachez-le grossièrement. Ajoutez viande et oignon dans la marinade. Mélangez, couvrez et laissez mariner pendant 6 h au réfrigérateur en retournant la viande de temps en temps.

2. 6 h plus tard, égouttez les morceaux de viande et essorez-les dans du papier absorbant. Passez la marinade à travers une passoire et réservez-la. Otez la couenne du lard et coupez le lard en bâtonnets. Plongez-les dans une casserole d'eau bouillante, laissez-les blanchir pendant 2 mn, puis égouttez-les et passez-les sous l'eau courante. Pelez les petits oignons. Otez la partie terreuse du pied des champignons, lavez les champignons et essorez-les.

3. Faites fondre le beurre dans une cocotte et faites-y revenir les bâtonnets de lard jusqu'à ce qu'ils soient dorés. Retirez-les avec une écumoire et mettez les oignons à leur place. Faites-les dorer en les remuant avec une spatule. Retirez-les et faites dorer les champignons de la même façon que les oignons. Retirez-les et mettez à leur place les cubes de viande. Lorsqu'ils sont bien dorés, poudrez-les de farine, remuez pendant 1 mn, puis arrosez petit à petit avec la marinade puis avec le fond de veau. Salez peu, poivrez. Couvrez et laissez cuire à feu doux pendant 2 h.

4. Au bout de ce temps, ajoutez les lardons, les champignons et les oignons dans la cocotte et laissez cuire pendant encore 1 h.

5. Lorsque la viande a cuit 3 h, retirez le couvercle et penchez la cocotte afin que le jus se trouve d'un seul côté. Dégraissez-le à l'aide d'une cuillère.

6. Servez le bœuf bourguignon bien chaud.

□ Accompagnez le bœuf bourguignon de pommes de terre cuites à la vapeur.

Bœuf à la ficelle
Ile-de-France

Pour 4 personnes
Préparation : 10 mn - Cuisson : 30 mn

- 800 g de rumsteck
non bardé
- 2,5 litres de fond de
veau (p. 8)
- gros sel
- cornichons
- moutardes diverses
- sauce verte (p. 13)

1. Demandez au boucher de ficeler le morceau de rumsteck sans le barder. A chaque extrémité du morceau de viande, attachez une ficelle assez longue pour pouvoir l'accrocher aux deux poignées de la marmite que vous allez utiliser pour la cuisson. Ainsi la viande ne touchera pas le fond.

2. Versez le fond de veau dans une marmite. Portez-le à ébullition, puis plongez-y le morceau de viande et maintenez-le à peine immergé en attachant les ficelles aux poignées de l'ustensile. Laissez cuire pendant 25 mn, à petits frémissements. Ecumez pendant la cuisson.

3. Lorsque la viande est cuite, retirez-la de la marmite et posez-la sur une planche. Otez les ficelles et coupez la viande en 4 tranches épaisses. Posez-les sur un plat de service et servez aussitôt avec les accompagnements de votre choix.

Le terme de « bœuf à la ficelle » viendrait d'une tradition attachée au quartier de La Villette, à Paris... C'est là en effet qu'on avait coutume de préparer le « pélican à la ficelle ». Ce « pélican » était un morceau de bœuf (muscle jumeau de l'onglet, mais atrophié, côté cœur) réservé aux « tueurs » (ceux qui abattaient les bœufs). Chaque tueur avait ainsi la possibilité, sa tâche achevée, d'aller faire cuire son « pélican » dans une marmite commune, dans un restaurant du quartier, en l'accrochant par une ficelle portant son numéro afin de le reconnaître.

*...euf bourguignon;
...rbonnades flamandes.*

3. Remettez la viande dans la cocotte, mélangez-la aux oignons, salez et poivrez. Otez la croûte du pain, tartinez la mie de moutarde. Enfouissez le bouquet garni dans les oignons. Posez le pain sur le dessus de la cocotte. Faites chauffer la bière, puis versez-la dans la cocotte : elle doit juste affleurer la viande.

4. Couvrez la cocotte, glissez-la au four et faites cuire pendant 3 h.

5. Au moment de servir, ôtez le bouquet garni, versez les carbonnades dans un plat creux et servez très chaud.

☐ En Flandre, la plupart des viandes sont servies avec des pommes de terre frites. Les carbonnades n'échappent pas à cette règle, mais vous pouvez aussi choisir des pommes vapeur ou de la purée.

Bœuf aux carottes
Ile-de-France

Pour 6 personnes
Préparation : 45 mn - Cuisson : 4 h

- 1 morceau de bœuf non bardé : aiguillette ou paleron, de 1,5 kg
- 150 g de lard gras
- 1,5 kg de carottes
- 2 cuil. à soupe de cognac
- 1 cuil. à soupe de persil plat ciselé
- 1 gousse d'ail
- 1 branche de thym
- 2 feuilles de laurier
- 2 dl de fond de veau (p. 8)
- 50 g de saindoux
- noix muscade
- poivre
- sel

1. Pelez l'ail et passez-le au presse-ail au-dessus d'un bol. Ajoutez-y le persil, du sel, du poivre et 3 pincées de noix muscade. Coupez le lard en bâtonnets, ajoutez-les dans le bol et mélangez.

2. Lardez la viande de bâtonnets de lard avec une lardoire. Pelez les carottes, lavez-les et essuyez-les. Coupez-les en rondelles de 0,5 cm.

3. Faites fondre la moitié du saindoux dans une cocotte et faites-y dorer la viande sur toutes ses faces. Jetez le gras contenu dans la cocotte. Arrosez la viande de cognac et flambez. Versez le bouillon et portez à ébullition.

4. Faites fondre le reste du saindoux dans une sauteuse et faites-y revenir les carottes à feu doux, pendant 5 mn environ, en les remuant avec une spatule.

5. Ajoutez les carottes, le thym et le laurier dans la cocotte. Salez, poivrez, couvrez et laissez cuire à feu doux pendant 4 h.

6. Lorsque la viande est cuite, découpez-la, rangez les tranches sur un plat. Entourez-les de carottes, nappez de jus de cuisson et servez.

Carbonnades flamandes
Flandres

Pour 6 personnes
Préparation : 25 mn - Cuisson : 3 h

- 1,2 kg de bœuf : aiguillette, basses côtes, macreuse ou paleron
- 400 g d'oignons
- 2 cuil. à soupe de moutarde forte
- 1 grande tranche de pain de campagne
- 25 g de saindoux
- 1/2 litre de bière brune
- 2 cuil. à soupe de vinaigre de vin
- 1 cuil. a soupe de cassonade
- 1 bouquet garni : 1 feuille de laurier, 6 tiges de persil
- sel, poivre

1. Demandez au boucher de couper la viande en tranches de 1 cm d'épaisseur. Coupez ces tranches en morceaux de 5 cm × 6 cm. Salez-les et poivrez-les. Pelez les oignons et émincez-les.

2. Allumez le four, thermostat 4 (140°). Faites fondre le saindoux dans une cocotte et faites-y revenir les morceaux de viande. Retirez-les avec une écumoire et faites blondir les oignons à la place. Poudrez-les de cassonade, mélangez et laissez caraméliser légèrement. Ajoutez le vinaigre, remuez avec une cuillère en bois et éteignez le feu.

Pot-au-feu

Ile-de-France

Pour 8 personnes
Préparation et cuisson : 5 h 15

- 2,4 kg de bœuf :
800 g de plat-de-côtes,
800 g de gîte, 800 g
de culotte
- 12 jeunes carottes
- 8 petits navets
- 8 poireaux
- 1 céleri en branches
- 1 oignon
- 4 clous de girofle
- 4 gousses d'ail

- 1 bouquet garni :
1 branche de thym,
1 feuille de laurier,
6 tiges de persil
- 8 pommes de terre
- 4 os à moelle de
8 cm de long
- 1 cuil. à soupe de
gros sel de mer
- 10 grains de poivre
- sel, poivre

1. Mettez le plat-de-côtes dans une grande marmite, couvrez-le de 3 litres d'eau froide, portez à ébullition sur feu doux, écumez pendant 10 mn, puis laissez mijoter pendant 1 h.

2. Pelez l'oignon et piquez-le des clous de girofle. Ecrasez les gousses d'ail d'un coup sec du plat de la main, sans les peler. Liez les éléments du bouquet garni.

3. Au bout de 1 h de cuisson du plat-de-côtes, ajoutez dans la marmite le gîte, la culotte, l'oignon, le bouquet garni, les gousses d'ail, le gros sel et les grains de poivre. Attendez que l'ébullition reprenne, écumez, puis baissez la flamme et laissez mijoter à découvert pendant encore 2 h.

4. Pendant ce temps, pelez les carottes et les navets ; lavez-les. Nettoyez les poireaux, lavez-les, retirez une partie du vert et ficelez le reste en botte. Ôtez les côtes dures et les feuilles flétries du céleri ; lavez le céleri. Laissez ces légumes dans de l'eau froide.

5. 3 h après le début de la cuisson du pot-au-feu, ajoutez le céleri dans la marmite ; 10 mn plus tard les poireaux ; 10 mn plus tard les carottes ; 10 mn plus tard les navets. Cela pour ne pas faire refroidir le bouillon et tenir compte du temps de cuisson des légumes : tout doit être cuit 5 h après le début des opérations.

6. 30 mn avant la fin de la cuisson du pot-au-feu, lavez les pommes de terre en les frottant avec une petite brosse pour éliminer toute la terre. Mettez-les dans une casserole, couvrez-les d'eau froide et laissez-les cuire jusqu'à ce qu'elles soient tendres et que la lame d'un couteau les pénètre facilement. Eteignez alors le feu et gardez-les au chaud dans leur eau de cuisson, casserole couverte.

7. 20 mn avant la fin de la cuisson du pot-au-feu, mettez les os à moelle dans une casserole, couvrez-les d'eau froide, salez peu, portez à ébullition et laissez frémir pendant 15 mn. Eteignez le feu et gardez au chaud dans la casserole couverte.

8. Au bout de 5 h, éteignez le feu sous la marmite, laissez reposer 5 mn, casserole couverte. Ôtez ensuite le couvercle et dégraissez le bouillon. Retirez viandes et légumes ; ôtez les ficelles et mettez le tout sur un grand plat. Pelez les pommes de terre, encore chaudes, et ajoutez-les dans le plat avec les os à moelle. Arrosez le tout d'un peu de bouillon.

9. Passez le bouillon à travers une passoire fine au-dessus d'une soupière. Salez-le éventuellement et poivrez-le. Servez bouillon, viandes, légumes et os à moelle sans attendre.

□ Accompagnez le pot-au-feu de gros sel, de cornichons, de moutardes diverses, de fruits et de légumes au vinaigre, de tranches de pain grillées (pour les tartiner de moelle), de sauce verte (p. 13), de raifort.

Cette recette — la plus classique — du pot-au-feu semble être originaire d'Ile-de-France. Dès qu'on s'éloigne, les préparations varient : en Auvergne, on y ajoute des choux farcis de chair à saucisse, de lait, d'œufs et de fines herbes ; en Bourgogne, de la queue de bœuf en tronçons ; en Provence, du jarret de veau ; en Champagne, de la poule et du lapin...

Pot-au-feu.

Fraginat de bœuf
à la catalane

Roussillon

Pour 6 personnes
Préparation : 25 mn - Cuisson : 45 mn

- 1 entrecôte de 750 g
- 4 gousses d'ail
- 10 brins de persil
- 500 g de petits oignons
- 250 g de tomates
- 1 cuil. à soupe de farine
- 25 g de saindoux
- 2 dl d'aïoli (p. 14)
- noix muscade
- sel, poivre

1. Lavez les tomates, essuyez-les et passez-les au moulin à légumes, grille moyenne. Coupez la viande en petits morceaux. Pelez l'ail et les oignons. Lavez le persil, essorez-le, ôtez les tiges et ciselez les feuilles. Hachez finement l'ail et mélangez-le au persil haché.

2. Faites fondre la moitié du saindoux dans une sauteuse, mettez-y la viande et laissez-la rendre son jus à feu modéré. Retirez la viande avec une écu-moire et conservez le jus dans un bol, en le filtrant dans une passoire.

3. Remettez la viande dans la sauteuse avec le reste du saindoux, les oignons, le hachis d'ail et de persil. Laissez dorer le tout à feu vif, en remuant sans arrêt avec une spatule. Poudrez de farine, mélangez pendant 1 mn, puis ajoutez la purée de tomates. Salez, poivrez. Ajoutez 4 pincées de noix muscade. Baissez la flamme et laissez mijoter pendant 30 mn.

4. 5 mn avant la fin de la cuisson de la viande, délayez l'aïoli avec 3 cuillerées à soupe d'eau tiède, puis ajoutez-y le jus de viande réservé.

5. Lorsque la viande est cuite, retirez-la de la sauteuse et disposez-la dans un plat de service creux. Retirez la sauteuse du feu et ajoutez l'aïoli à la sauce chaude. Mélangez bien et nappez la viande de sauce. Servez aussitôt.

☐ Accompagnez ce sauté très parfumé de riz blanc.

Gigot à la bretonne

Bretagne

Pour 8 personnes
Préparation : 15 mn - Trempage : 8 h
Cuisson : 1 h 45

- 1 gigot raccourci et paré de 2 kg
- 500 g de haricots blancs secs
- 3 oignons
- 3 tomates mûres
- 1 gousse d'ail
- 1 clou de girofle
- 3 cuil. à soupe d'huile
- 1 bouquet garni : 1 feuille de laurier, 1 branche de thym, 6 tiges de persil
- 25 g de beurre
- sel, poivre

1. 8 h avant de préparer le gigot, mettez les haricots dans une marmite et couvrez-les d'eau froide.

2. 8 h plus tard, égouttez les haricots et éliminez l'eau de trempage. Remettez-les dans la marmite. Pelez 1 oignon, piquez-le du clou de girofle. Ajoutez-le dans la marmite ainsi que le bouquet garni. Couvrez très largement d'eau froide, portez à ébullition et laissez cuire pendant 1 h.

3. Pelez l'ail et les 2 oignons restants et hachez-les menu. Plongez les tomates quelques secondes dans de l'eau bouillante, égouttez-les, passez-les sous l'eau courante, pelez-les, coupez-les en deux, pressez-les pour en éliminer les graines. Hachez grossièrement la pulpe.

4. Faites chauffer 1 cuillerée à soupe d'huile dans une cocotte et faites-y blondir les oignons à feu doux pendant 10 mn. Ajoutez l'ail et les tomates, salez, poivrez, mélangez et laissez cuire à feu très doux pendant 15 mn.

5. Allumez le four, thermostat 8 (250°).

6. Lorsque les haricots ont cuit 1 h, égouttez-les ; ôtez l'oignon et le bouquet garni. Versez les haricots dans la cocotte sur la fondue de tomates. Couvrez et laissez cuire pendant 45 mn, jusqu'à ce que les haricots soient très tendres.

7. Pendant ce temps, badigeonnez un plat allant au four avec 1 cuillerée à soupe d'huile. Huilez avec la troisième cuillerée d'huile toute la surface du gigot. Salez-le et poivrez-le. Posez-le dans le plat, côté charnu et arrondi contre le fond du plat. Glissez le plat au four et laissez cuire pendant 20 mn.

8. Au bout de ce temps, retournez le gigot et arrosez-le de son jus de cuisson. Baissez le thermostat à 7 (230°) et laissez cuire le gigot pendant encore 25 mn, en l'arrosant de temps en temps.

9. Lorsque le gigot est cuit, éteignez le four et laissez reposer la viande pendant 5 mn, porte entrouverte. Mettez les haricots dans un plat de service et posez le gigot dessus. Ajoutez le beurre dans le jus de cuisson du gigot et versez en saucière. Servez.

Gigot braisé aux fèves

Pays de Loire

Pour 6 personnes
Préparation : 10 mn - Cuisson : 1 h 10

- 1 gigot d'agneau désossé de 1,5 kg
- 1 kg de fèves fraîches
- 50 g de lard gras
- 1,5 dl de vin blanc sec
- sel, poivre

1. Demandez au boucher de ficeler le gigot en le roulant comme un rôti. Ecossez les fèves et enlevez la peau vert pâle.

2. Faites fondre le lard dans une cocotte et faites-y dorer le gigot sur toutes ses faces. Salez, poivrez, versez le vin et laissez-le s'évaporer à feu vif. Retournez plusieurs fois le gigot dans la cocotte pendant cette opération.

3. Ajoutez les fèves autour du gigot, mélangez, ajoutez 2 cuillerées à soupe d'eau. Couvrez et laissez cuire à feu doux pendant 1 h.

4. Au bout de ce temps, retirez le gigot de la cocotte, ôtez les ficelles et coupez-le en tranches. Rangez-les sur un plat de service, entourez-les de fèves et servez aussitôt.

Gigot à la bretonne ;
Agneau rôti de Pauillac.

Agneau rôti de Pauillac

Aquitaine

Pour 4 personnes
Préparation : 15 mn - Cuisson : 40 mn

- *1 gigot d'agneau de lait de 1 kg, raccourci et paré*
- *50 g de mie de pain rassise*
- *8 gousses d'ail*
- *2 gros bouquets de persil plat*
- *1 kg de pommes de terre à chair ferme*
- *4 cuil. à soupe d'huile*
- *3 cuil. à soupe de vinaigre de vin*
- *50 g de beurre mou*
- *sel, poivre*

1. Pelez 6 gousses d'ail et hachez-les menu. Lavez le persil, essorez-le et ôtez-en les tiges. Passez la mie de pain et les feuilles de persil à la moulinette électrique. Mélangez le pain, l'ail et le persil. Salez et poivrez. Mettez le beurre dans une terrine et incorporez-y le hachis.

2. Allumez le four, thermostat 7 (230°). Pelez les 2 dernières gousses d'ail et coupez-les en fins éclats. Faites des entailles sur toute la surface du gigot et garnissez-les d'ail. Tartinez le gigot de beurre parfumé et posez-le dans un plat allant au four. Glissez le plat au four et laissez cuire pendant 45 mn.

3. Pendant ce temps, préparez les pommes de terre : pelez-les, lavez-les, égouttez-les et coupez-les en rondelles de 1/2 cm d'épaisseur. Séchez-les à fond dans du papier absorbant. Faites chauffer l'huile dans une grande poêle, ajoutez-y les pommes de terre, mélangez, couvrez et laissez cuire 10 mn. Retournez ensuite les pommes de terre avec une cuillière en bois et laissez-les cuire pendant encore 10 mn. Retirez-les de la poêle et gardez-les au chaud.

4. Lorsque le gigot est cuit, retirez-le du plat et posez-le sur une planche. Découpez-le et rangez les tranches sur un plat de service. Entourez-les des pommes de terre. Dégraissez le jus de cuisson et déglacez les sucs de viande avec le vinaigre dilué dans autant d'eau. Grattez le fond du plat avec une spatule.

5. Versez la sauce en saucière et servez le gigot et les pommes de terre tout chauds.

□ Contrairement à l'agneau, l'agneau de lait ne se mange pas rosé mais bien cuit, ce qui explique la longueur du temps de cuisson.

Cervelles de veau en matelote

Lyonnais

Pour 4 personnes
Trempage : 12 h - Préparation et cuisson : 1 h

- 2 cervelles de veau
- 1/2 litre de bon vin rouge
- 1 oignon
- 1 carotte
- 1 poireau
- 1 branche de thym
- 1 feuille de laurier
- 6 tiges de persil
- 2 clous de girofle
- 1 cuil. à soupe de farine
- 25 g de beurre mou
- sel, poivre

Pour la garniture :
- 24 petits oignons
- 250 g de petits champignons de Paris
- 200 g de lard de poitrine fumé
- 1 cuil. à soupe de persil plat ciselé
- 10 g de beurre
- sel, poivre

1. La veille, mettez les cervelles dans une terrine et couvrez-les largement d'eau froide à peine salée. Changez l'eau plusieurs fois.

2. Le lendemain, pelez l'oignon et la carotte. Nettoyez le poireau. Hachez grossièrement oignon, carotte et poireau. Mettez-les dans une grande casserole avec le thym, le laurier, le persil, les clous de girofle, du sel et du poivre. Ajoutez 1/4 de litre d'eau. Posez la casserole sur feu doux et laissez frémir pendant 15 mn.

3. Retirez les cervelles du réfrigérateur et jetez l'eau. Remettez-les dans la terrine, couvrez-les largement d'eau froide et laissez-les dégorger pendant encore 30 mn, en changeant l'eau plusieurs fois.

4. Au bout de 15 mn de cuisson du court-bouillon aux légumes, versez le vin dans la casserole, laissez frémir pendant encore 15 mn, puis laissez tiédir.

5. Préparez la garniture : ôtez la couenne du lard et coupez le lard en bâtonnets ; plongez-les 1 mn dans de l'eau bouillante, puis égouttez-les, passez-les sous l'eau froide et égouttez-les à nouveau. Pelez les oignons. Ôtez la partie terreuse du pied des champignons, lavez-les et égouttez-les.

6. Faites fondre 10 g de beurre dans une poêle, ajoutez-y les bâtonnets de lard et faites-les dorer à feu modéré en les remuant avec une spatule. Retirez-les, mettez à leur place les champignons et laissez-les dorer de la même façon, jusqu'à ce qu'il n'y ait plus de liquide dans la poêle. Retirez-les, ajoutez-les aux lardons et mettez les oignons dans la poêle. Faites-les revenir à feu doux et à couvert, jusqu'à ce qu'ils soient blonds et tendres. Salez-les et poivrez-les.

7. Egouttez les cervelles et retirez la membrane qui les recouvre. Passez le court-bouillon à travers une passoire fine et éliminez les légumes. Reversez le court-bouillon dans la casserole, posez-la sur feu doux et portez à ébullition. Plongez les cervelles dans le court-bouillon et laissez-les frémir pendant 20 mn, à découvert, puis retirez-les avec une écumoire et gardez-les au chaud.

8. Faites réduire le court-bouillon de moitié à feu vif. Mélangez le beurre et la farine avec une fourchette. Dès que le court-bouillon a suffisamment réduit, ajoutez-y le beurre manié et battez avec un fouet à main jusqu'à ce que la sauce épaississe. Ajoutez alors les oignons, les lardons et les champignons et laissez-les réchauffer pendant quelques minutes, sans atteindre l'ébullition.

9. Découpez les cervelles en tranches de 2 cm de large et rangez-les dans un plat de service. Nappez-les de sauce, poudrez de persil et servez.

Andouillettes au vouvray

Anjou

Pour 6 personnes
Préparation et cuisson : 30 mn

- 6 andouillettes
- 500 g de champignons de Paris
- 1/4 de litre de vouvray sec
- 3 échalotes
- 2 cuil. à soupe de chapelure blanche
- 25 g de beurre
- sel, poivre

1. Allumez le gril du four. Faites des entailles sur toute la surface des andouillettes, posez-les sur la grille du four et glissez-les au four. Laissez-les griller pas trop près de la source de chaleur pendant 10 mn, en les retournant à mi-cuisson.

2. Pelez les échalotes et hachez-les. Ôtez la partie terreuse du pied des champignons, lavez les champignons, égouttez-les, coupez-les en lamelles. Beurrez avec une noix de beurre un plat pouvant contenir les 6 andouillettes.

3. Faites fondre le reste du beurre dans une poêle et faites-y revenir échalotes et champignons à feu modéré, jusqu'à ce qu'ils soient blonds et qu'il n'y ait plus de liquide dans la poêle. Versez alors le vin dans la poêle, salez, poivrez et laissez réduire de moitié.

4. Lorsque les andouillettes sont grillées, retirez-les du four et mettez-les dans le plat beurré. Versez dessus le contenu de la poêle, puis poudrez de chapelure. Glissez le plat au four, pas trop près de la source de chaleur, et laissez gratiner pendant quelques minutes.

5. Lorsque la surface du plat est dorée, retirez-le du four et servez tout chaud dans le plat de cuisson.

Langue de bœuf sauce piquante

Artois

Pour 6-8 personnes
Trempage : 4 h - Préparation et cuisson : 3 h

- 1 langue de bœuf parée
- 1 carotte
- 1 poireau
- 1 oignon
- 3 échalotes
- 1,5 dl de vinaigre
- 25 g de beurre
- 4 cornichons
- 1 cuil. à soupe de farine
- 1 bouquet garni : 1 feuille de laurier, 1 branche de thym, 6 tiges de persil
- 2 clous de girofle
- 10 grains de poivre
- sel, poivre

1. 4 h avant de faire cuire la langue, mettez-la dans une terrine et couvrez-la d'eau froide.

2. 4 h plus tard, égouttez la langue, mettez-la dans une marmite, couvrez-la d'eau froide et portez à ébullition. Laissez bouillir 30 mn en écumant.

3. Pendant ce temps, pelez carotte, oignon et poireau et coupez-les en fines rondelles.

4. Au bout de 30 mn de cuisson de la langue, retirez-la de la marmite et jetez l'eau de cuisson. Rafraîchissez la langue sous l'eau courante et retirez-en la peau. Remettez-la dans la marmite, couvrez-la d'eau froide, ajoutez carotte, oignon, poireau, bouquet garni, clous de girofle et grains de poivre. Couvrez à demi et laissez frémir 2 h.

5. 15 mn avant la fin de la cuisson, préparez la sauce : pelez les échalotes et hachez-les menu. Mettez-les dans une casserole, ajoutez le vinaigre et posez la casserole sur feu doux. Laissez cuire jusqu'à ce que le vinaigre soit évaporé.

6. Faites fondre le beurre dans une casserole, ajoutez la farine en pluie, mélangez pendant 1 mn, puis arrosez avec 2,5 dl de bouillon prélevé dans la marmite où cuit la langue de bœuf. Remuez à la spatule jusqu'à ce que vous obteniez une sauce liée. Salez. Poivrez.

7. Hachez les cornichons et ajoutez-les à la sauce ainsi que les échalotes. Gardez au chaud.

8. Egouttez la langue et coupez-la en tranches. Mettez-les dans un plat de service, et arrosez d'un peu de bouillon. Servez la sauce en saucière.

Foie de veau à la lyonnaise ; Andouillettes au vouvray.

Foie de veau à la lyonnaise

Lyonnais

Pour 4 personnes
Préparation : 10 mn - Cuisson : 20 mn

- 4 tranches de foie de veau de 150 g chacune
- 4 gros oignons
- 1 cuil. à soupe de vinaigre de vin rouge
- 2 cuil. à soupe de farine
- 30 g de beurre
- 1 cuil. à soupe de persil plat ciselé
- sel, poivre

1. Pelez les oignons et coupez-les en fines rondelles. Epongez les tranches de foie dans du papier absorbant, salez-les, poivrez-les, passez-les dans la farine, puis secouez-les pour en éliminer l'excédent.

2. Faites fondre la moitié du beurre dans une poêle et faites-y dorer le foie à feu vif 2 mn de chaque côté. Mettez-le sur un plat de service.

3. Faites fondre le reste du beurre dans la poêle et faites-y cuire les oignons 15 mn à feu doux en les remuant souvent, jusqu'à ce qu'ils soient blonds et très tendres. Ajoutez alors le vinaigre dans la poêle, ainsi que le jus rendu par le foie. Salez, poivrez, mélangez pendant 1 mn. Versez sur le foie, parsemez de persil et servez aussitôt.

Les légumes

Ce chapitre vous invite à un voyage dans les jardins potagers avec des artichauts, des endives, des fèves, des haricots verts, des épinards, des courgettes, des aubergines...
La grande variété de légumes cultivés sur le terroir français nous a permis d'élaborer des recettes exquises... et infinies. Mais il ne faut pas croire qu'il en fut toujours ainsi. Ce sont les Romains qui nous apportèrent les laitues et les asperges ; les conquérants espagnols ramenèrent chez eux des plantes et des graines nouvelles : tomates, poivrons, maïs, haricots secs... Quant à la célèbre pomme de terre rapportée d'Amérique du Sud par François Pizarre, Philippe de Sivry, en 1588, en adresse quelques tubercules au savant Charles de l'Ecluse qui les étudie. C'est au XVIIIe siècle seulement que Parmentier les retrouve en Allemagne ; il comprend l'intérêt de cultiver ce tubercule et c'est grâce à lui que la culture va se développer dans tout le pays.
C'est donc grâce aux diverses conquêtes hors frontières que l'on dispose d'un tel choix aujourd'hui. Mais aussi grâce au développement des plants de plus en plus résistants aux maladies et à la création des variétés qui correspondent à nos besoins.

Pour consommer au mieux les légumes, il faut les choisir à leur meilleure saison. Un chou est excellent en hiver ; un poivron ou une tomate en été. On trouve aujourd'hui ces légumes presque toute l'année ; mais leur saveur est totalement différente selon les mois de l'année. Une tomate de décembre pousse en serre, elle est molle, farineuse, sans goût, alors qu'une tomate de juillet est ferme et bien rouge, sans eau, très parfumée.

Si vous ne connaissez pas très bien la saison des légumes, regardez les étiquettes : un légume hors saison est hors de prix... Ce petit « truc » est également parfaitement valable pour les fruits qui, eux aussi, ne sont jamais aussi bons qu'au cœur de la saison.

Lorsque vous achetez des légumes, choisissez-les toujours bien frais, sans taches ni meurtrissures : d'une part ils seront meilleurs mais surtout ils pourront se conserver.

Artichauts à la barigoule
Provence - Côte d'Azur

Pour 4 personnes
Préparation : 10 mn - Cuisson : 2 h 30

- 8 artichauts violets
- 2 oignons
- 2 gousses d'ail
- 2 brins de thym
- 1 dl d'huile d'olive
- sel, poivre

1. Ôtez les feuilles extérieures des artichauts e coupez aux ciseaux l'extrémité des autres. Arrache la queue. Lavez les artichauts en écartant le feuilles, puis égouttez-les. Pelez les oignons et ho chez-les. Pelez les gousses d'ail et écrasez-les.
2. Etalez les oignons, le thym et l'ail dans un cocotte pouvant contenir les 8 artichauts debout. Po sez les artichauts sur ce lit d'oignon. Ecartez le feuilles, salez et poivrez. Arrosez-les d'huile et pose la cocotte sur feu doux, couvrez et laissez suer le oignons pendant 10 mn. Versez alors juste asse d'eau pour couvrir les artichauts. Laissez cuire à fe très doux et à couvert pendant 2 h 20.

gueur, évidez-les à l'aide d'une petite cuillère en laissant un peu de pulpe près de la peau.

2. Mettez la pulpe des courgettes dans une poêle, ajoutez-y 1 cuillerée à soupe d'huile et posez la poêle sur feu très doux. Laissez cuire en remuant souvent à l'aide d'une spatule, jusqu'à ce que la pulpe soit tendre et qu'il n'y ait plus d'eau.

3. Mettez le broccio dans une terrine et écrasez-le finement à la fourchette. Ajoutez-y la pulpe des courgettes, les œufs, du sel, du poivre et 4 pincées de noix muscade.

4. Pelez les gousses d'ail et passez-les au presse-ail au-dessus de la terrine. Essuyez les feuilles de basilic avec un linge humide, ôtez les tiges et ciselez les feuilles au-dessus de la terrine. Mélangez.

5. Garnissez chaque demi-courgette de farce. Versez l'huile restante dans un plat allant au four pouvant contenir les courgettes en une seule couche. Versez-y 4 cuillerées à soupe d'eau, salez et poivrez. Posez les courgettes dans le plat et parsemez-les de chapelure.

6. Glissez le plat au four et laissez cuire pendant 1 h, jusqu'à ce que les courgettes soient cuites et la farce dorée.

7. Mettez les courgettes dans un plat de service, arrosez-les du jus contenu au fond du plat et servez chaud ou froid.

Artichauts
à la languedocienne
Languedoc

Pour 6 personnes
Préparation : 20 mn - Cuisson : 1 h 15

- *12 petits artichauts violets*
- *1 oignon*
- *1 échalote*
- *100 g de poitrine de porc fraîche*
- *1 tranche de jambon cru de 100 g*
- *1 cuil. à soupe de farine*
- *1 citron*
- *1/2 litre de vin blanc sec*
- *3 cuil. à soupe d'huile d'olive*
- *sel, poivre*

1. Pelez l'oignon et l'échalote et hachez-les menu. Ôtez la couenne du lard et coupez-le en fins bâtonnets. Coupez le jambon en petits dés.

2. Ôtez les feuilles extérieures des artichauts et coupez aux ciseaux l'extrémité des autres. Arrachez la queue. Coupez le citron en deux et frottez les artichauts avec ces demi-citrons ; mettez-les dans une terrine, couvrez-les d'eau froide et pressez le citron au-dessus de l'eau.

3. Faites chauffer l'huile dans une sauteuse, ajoutez-y le hachis d'oignon et d'échalote et faites-le blondir à feu doux en remuant à la spatule. Ajoutez les bâtonnets de lard et les dés de jambon, mélangez pendant 1 mn, puis ajoutez les artichauts. Mélangez pendant 5 mn jusqu'à ce que les artichauts soient blonds, poudrez de farine et remuez.

4. Versez peu à peu le vin blanc dans la sauteuse, salez peu, poivrez, couvrez et laissez mijoter pendant 1 h en remuant de temps en temps.

5. Servez chaud dans un plat creux.

□ Ces artichauts sont quelquefois cuits avec un hachis de mie de pain, d'ail, de persil, et de lard fumé, sans adjonction de liquide, simplement à l'étouffée avec l'eau rendue par le hachis.

3. Mettez les artichauts dans un plat et servez.

□ Cette recette se fait en Provence et sur la Côte d'Azur, mais bien sûr, les préparations varient ; on peut y voir du lard ou des carottes.

Artichauts à la languedocienne.

Courgettes au broccio
Corse

Pour 4 personnes
Préparation et cuisson : 1 h 30

- *8 courgettes moyennes*
- *500 g de broccio frais*
- *2 œufs*
- *6 branches de basilic frais*
- *2 gousses d'ail*
- *4 cuil. à soupe de chapelure blanche*
- *6 cuil. à soupe d'huile d'olive*
- *noix muscade*
- *sel, poivre*

1. Allumez le four, thermostat 6 (200°). Lavez les courgettes, essuyez-les et ôtez-en les deux extrémités. Coupez-les en deux dans le sens de la lon-

Farçun rouergat

Rouergue

Pour 6 personnes
Préparation : 15 mn - Cuisson : 45 mn

- 1 kg d'épinards
- 4 côtes tendres de céleri
- 4 gousses d'ail
- 1 tranche de jambon de pays de 200 g
- 2 branches de thym
- 6 brins de persil
- 75 g de beurre
- 50 g de farine
- 1 litre de lait
- 3 œufs
- 100 g de crème fraîche épaisse
- 1 crépine de porc
- 4 pincées de noix muscade
- sel, poivre

1. Ôtez la tige des épinards, lavez les épinards, essorez-les soigneusement et hachez-les très finement. Pelez les gousses d'ail et hachez-les menu. Lavez le persil, essorez-le, ôtez-en les tiges et ciselez les feuilles. Coupez le jambon — gras et maigre — en petits dés. Ôtez les fils du céleri, lavez-le et coupez-le en fines lamelles. Mettez épinards, ail, persil, céleri et jambon dans une terrine. Poivrez et ajoutez le thym finement émietté entre les doigts.

2. Faites fondre 50 g de beurre dans une casserole, ajoutez la farine en mélangeant pendant 1 mn, puis arrosez avec le lait froid en tournant sans arrêt pour éviter les grumeaux. Faites cuire à feu doux en mélangeant souvent, pendant environ 5 mn. Salez, poivrez. Ajoutez la noix muscade.

3. Allumez le four, thermostat 8 (250°). Mettez la crépine dans un bol d'eau froide. Battez ensemble œufs et crème.

4. Lorsque la sauce contenue dans la casserole est cuite, retirez la casserole du feu et versez-y le mélange crème-œufs en battant au fouet à main. Ajoutez ensuite les légumes et le jambon contenus dans la terrine et mélangez à la spatule.

5. Beurrez avec le reste du beurre un plat à gratin et versez-y la préparation précédente. Egouttez la crépine et étalez-la à la surface du plat. Glissez le plat au four et laissez cuire pendant environ 30 mn, jusqu'à ce que le farçun soit doré.

6. Servez le farcun tout chaud dans son plat.

Farçun rouergat ; Petits pois à la vendéenne.

sez-y la préparation et lissez-la avec une fourchette. Glissez le plat au four et laissez cuire pendant 30 mn environ jusqu'à ce que le papeton soit gratiné.

5. Lorsque le papeton est cuit, démoulez-le et servez-le aussitôt.

□ Vous pouvez accompagner le papeton de sauce tomate préparée à l'huile d'olive (p. *12*). Vous pouvez également le servir froid.

Ce papeton s'appelle aussi « aubergines des papes ». Il fut, dit-on, créé en Avignon par le cuisinier d'un pape et il cuisait dans un moule en forme de tiare papale.

Petits pois
à la vendéenne
Vendée

Pour 4 personnes
Préparation : 30 mn - Cuisson : 1 h 15

● *1 kg de petits pois frais*	● *6 tiges de persil*
● *1 cœur de laitue*	● *1 cuil. à café de sucre*
● *12 petits oignons*	● *50 g de beurre*
● *1 branche de thym*	● *sel, poivre*

1. Écossez les petits pois. Pelez les oignons. Coupez le cœur de laitue en quatre.

2. Faites fondre le beurre dans une sauteuse. Faites-y revenir les oignons, le thym et le persil pendant 5 mn à feu doux en remuant, puis ajoutez les petits pois et mélangez jusqu'à ce qu'ils soient tous enrobés de beurre. Ajoutez le cœur de laitue, couvrez d'eau froide et portez à ébullition. Salez, poivrez et sucrez. Couvrez et laissez mijoter 1 h.

3. Lorsque les petits pois sont cuits, ôtez thym et persil et mettez les petits pois dans un plat creux.

---

elon les régions, le aricot blanc frais porte le om de mogette, ougette, mohjette ou onjette. Il semblerait ue l'origine du nom ienne de « mougette » ui signifie religieuse, la orme courbée du grain ppelant une religieuse n prière.

Papeton d'aubergines
Côte d'Azur

Pour 6 personnes
Préparation et cuisson : 1 h

● *1,5 kg d'aubergines longues pas trop grosses*	● *2 branches de thym*
	● *1 gousse d'ail*
● *75 g de parmesan râpé*	● *1 dl d'huile d'olive*
● *5 œufs*	● *sel, poivre*

1. Lavez les aubergines, essuyez-les et coupez-les en gros cubes.

2. Faites chauffer l'huile dans une poêle et faites-y cuire les aubergines, à feu modéré, pendant 20 mn, en les retournant avec une spatule.

3. Lorsque les aubergines sont cuites, allumez le four, thermostat 7 (230°). Retirez les aubergines avec une écumoire et passez-les à la moulinette, grosse grille. Pelez la gousse d'ail et hachez-la menu. Mettez la purée d'aubergines dans une terrine, salez, poivrez, émiettez-y le thym, ajoutez l'ail et le parmesan. Incorporez les œufs. Mélangez bien.

4. Huilez un moule à soufflé de 18 cm de diamètre avec un peu de l'huile contenue dans la poêle. Ver-

Epinards sautés
Côte d'Azur

Pour 4 personnes
Préparation et cuisson : 30 mn

● *1 kg d'épinards*	● *3 cuil. à soupe d'huile d'olive*
● *75 g de raisins de Corinthe*	● *poivre*
● *75 g de pignons*	● *sel*

1. Mettez les raisins dans un bol et couvrez-les d'eau tiède. laissez-les tremper. Equeutez les épinards, lavez-les et essorez-les.

2. Faites chauffer 2 cuillerées à soupe d'huile dans une grande poêle et faites-y revenir les épinards à feu doux, en mélangeant avec une spatule, jusqu'à ce qu'ils soient tendres.

3. Egouttez les raisins. Faites chauffer la dernière cuillerée d'huile dans une petite poêle et faites-y blondir les pignons et les raisins. Ajoutez-les aux épinards et mélangez à feu vif pendant quelques secondes. Salez et poivrez.

5. Mettez les épinards dans un plat de service et portez à table sans attendre.

« Cet agréable mélange de pommes de terre, de mouton et de pain qui se nommait, se nomme… la ratatouille. » Mais depuis Alfred de Vigny, la recette de la ratatouille a bien changé. Elle est devenue ce mélange parfumé de légumes que l'on déguste sur la Côte d'Azur.

Gratin de chou

Dauphiné - Savoie

Pour 6 personnes
Préparation : 30 mn - Cuisson : 1 h 30

- 1 chou blanc
- 150 g de lard de poitrine fumé
- 2 oignons
- 2 œufs
- 2 gousses d'ail
- 2,5 dl de lait
- 2 cuil. à soupe de chapelure blanche
- 1 cuil. à soupe d'huile
- 10 g de beurre
- poivre
- sel

1. Ôtez les feuilles extérieures du chou ; coupez-le en quatre, ôtez-en le centre et coupez chaque quart de chou en fines lanières. Pelez les oignons et émincez-les finement. Ôtez la couenne du lard et coupez le lard en fins bâtonnets. Pelez les gousses d'ail et hachez-les menu.

2. Faites chauffer l'huile dans une cocotte et faites-y dorer les oignons à feu doux pendant 3 mn. Ajoutez le lard et l'ail et remuez pendant 2 mn. Ajoutez alors le chou, couvrez et faites cuire en remuant de temps en temps, pendant 30 mn environ, jusqu'à ce que le chou soit juste ramolli.

3. Allumez le four, thermostat 6 (200°). Battez ensemble le lait et les œufs. Beurrez un plat à gratin.

4. Lorsque le chou a cuit 30 mn, retirez la sauteuse du feu et versez-y le mélange lait-œufs. Mélangez bien. Salez peu, poivrez et versez la préparation dans le plat. Poudrez de chapelure.

5. Glissez le plat au four et laissez cuire pendant 1 h, jusqu'à ce que le gratin soit bien doré.

6. Servez ce gratin tout chaud.

□ Cette préparation porte le nom de « farçon » ou « fousson » de chou. Le chou est quelquefois blanchi à l'eau bouillante salée, puis haché et non sauté à l'huile ; quelques feuilles laissées entières sont garnies d'un mélange de chou, d'oignons et de lard fumé, puis cuites en petits paquets au four.

Bohémienne

Provence

Pour 6 personnes
Préparation : 45 mn - Cuisson : 1 h 10

- 1 kg d'aubergines
- 500 g de tomates bien mûres
- 500 g de courgettes
- 1 gros oignon
- 3 cuil. à soupe d'huile d'olive
- 2 gousses d'ail
- 10 brins de persil plat
- 75 g de parmesan fraîchement râpé
- sel, poivre
- gros sel de mer

1. Préparez les aubergines : ne les pelez pas, lavez-les, essuyez-les, coupez-les en gros cubes et mettez-les dans une passoire avec du gros sel entre les couches d'aubergines.

2. Plongez les tomates quelques secondes dans de l'eau bouillante, égouttez-les, passez-les sous l'eau courante, coupez-les en deux pour éliminer les graines, pelez-les et coupez la pulpe en gros morceaux. Pelez l'oignon et émincez-le finement. Lavez les courgettes, essuyez-les, coupez-les en quatre dans le sens de la longueur, puis en morceaux de

Ratatouille niçoise
Côte d'Azur

Pour 6 personnes
Préparation : 45 mn - Cuisson : 1 h

- *500 g d'aubergines*
- *500 g de poivrons verts et rouges mélangés*
- *500 g de courgettes longues*
- *500 g d'oignons*
- *500 g de tomates*

- *5 gousses d'ail*
- *2 branches de thym*
- *10 grandes feuilles de basilic*
- *5 brins de persil*
- *1 dl d'huile d'olive*
- *sel, poivre*
- *gros sel de mer*

1. Préparez les aubergines : ne les pelez pas, lavez-les, essuyez-les, coupez-les en quatre dans le sens de la longueur, puis en morceaux de 2 cm. Mettez-les dans une passoire et poudrez chaque couche de gros sel.

2. Plongez les tomates quelques secondes dans de l'eau bouillante, égouttez-les, pressez-les pour en éliminer les graines et hachez grossièrement la pulpe. Lavez les poivrons, essuyez-les et coupez-les en quatre dans le sens de la longueur, ôtez les graines et les filaments blancs et coupez la pulpe en bâtonnets. Lavez les courgettes et coupez-les en rondelles de 2 cm d'épaisseur. Pelez les oignons et émincez-les finement. Pelez les gousses d'ail et hachez-les menu.

3. Rincez les aubergines sous l'eau courante et essorez-les. Faites chauffer 1/3 de l'huile dans une sauteuse et faites-y revenir aubergines et courgettes à feu modéré pendant 5 mn, en les remuant avec une spatule, puis retirez-les avec une écumoire.

4. Versez le second tiers de l'huile dans la sauteuse et faites-y revenir oignons et poivrons à feu modéré pendant 5 mn, en les remuant sans arrêt à la spatule. Ajoutez l'ail, les tomates et le thym en l'émiettant, et mélangez pendant encore 1 mn. Remettez les aubergines et les courgettes dans la sauteuse ; salez et poivrez. Couvrez et laissez cuire pendant 45 mn en remuant de temps en temps délicatement pour ne pas écraser les légumes.

5. Lavez le persil, essorez-le, ôtez les tiges. Essuyez le basilic avec un torchon humide. Ciselez le persil et le basilic.

6. Lorsque la ratatouille est cuite, versez-la dans un plat creux, ajoutez le reste de l'huile, mélangez, puis parsemez de persil et de basilic. Servez aussitôt ou laissez refroidir et servez glacé.

cm. Lavez le persil, essorez-le, ôtez les tiges et selez finement les feuilles. Pelez les gousses d'ail et achez-les menu.

3. Faites chauffer l'huile dans une cocotte et ites-y revenir l'oignon à feu très doux pendant mn, sans le laisser colorer. Ajoutez les tomates et élangez pendant encore 5 mn.

4. Rincez les aubergines sous l'eau courante, puis ssorez-les. Ajoutez-les dans la cocotte avec les ourgettes, l'ail et le persil. Mélangez et laissez cuire feu doux et à couvert pendant 1 h, en écrasant de mps en temps le mélange qui doit devenir une urée homogène. Salez et poivrez pendant la cuis-n.

5. Au bout de ce temps, ajoutez le parmesan en élangeant bien à la spatule.

6. Lorsque la bohémienne est cuite, versez-la ns un plat creux et servez-la chaude ou froide.

Cette préparation nous vient d'Avignon. Cer-ines recettes comportent des filets d'anchois des-lés et écrasés, puis délayés dans du lait et ajoutés ste avant le parmesan. Dans ce cas, on fait grati-r la bohémienne à four chaud pendant 15 mn.

Ci-dessus :
Ratatouille niçoise.
Ci-contre :
Gratin de chou.

Fabonade

Languedoc

Pour 5-6 personnes
Préparation : 30 mn - Cuisson : 30 mn

- 1,5 kg de fèves fraîches
- 1 tranche de jambon cru de 150 g
- 2 gros oignons
- 50 g de graisse d'oie
- 4 gousses d'ail
- 3 branches de sarriette fraîche
- 2 jaunes d'œufs
- 1 cuil. à café de jus de citron
- 10 brins de persil
- sel, poivre

1. Pelez les oignons et émincez-les finement. Coupez le jambon en petits dés, gras et maigre. Ecossez les fèves et ôtez la petite peau extérieure des fèves. Pelez les gousses d'ail et hachez-les menu.

2. Faites fondre la graisse d'oie dans une cocotte et faites-y blondir oignons et jambon à feu doux pendant 5 mn, en les remuant avec une spatule. Ajoutez les gousses d'ail et mélangez pendant 1 mn, puis mettez les fèves et la sarriette, mélangez pendant encore 1 mn. Versez 1 l d'eau, salez peu, poivrez, couvrez et laissez cuire à feu doux pendant 30 mn.

3. Pendant ce temps, battez les jaunes d'œufs dans un bol, en y incorporant le jus de citron. Lavez le persil, essorez-le, ôtez-en les tiges et ciselez les feuilles.

4. Au bout de 30 mn, les fèves doivent être cuites ; si ce n'est pas le cas, laissez la cuisson se poursuivre pendant encore quelques minutes. Versez alors dans la cocotte les œufs battus, mélangez et retirez aussitôt du feu. Continuez à mélanger, jusqu'à ce que les œufs lient le jus de cuisson des fèves.

5. Mettez la fabonade dans un plat creux, parsemez de persil et servez tout chaud.

□ Fabonade vient du mot occitan «favonade», qui signifie plat de haricots (les fèves étant considérées comme des haricots).

Chou rouge aux pommes

Alsace

Pour 4-5 personnes
Préparation : 10 mn - Cuisson : 1 h 35

- 1 chou rouge
- 3 pommes reinettes
- 1 gros oignon
- 1/4 de litre de fond de volaille (p. 8)
- 1 dl de vinaigre
- 1 feuille de laurier
- 1 clou de girofle
- 1 pincée de sucre
- 25 g de graisse d'oie
- sel, poivre

1. Ôtez les feuilles extérieures du chou rouge. Coupez le chou en quatre et ôtez le centre dur. Pelez l'oignon et émincez-le finement.

2. Faites fondre la graisse d'oie dans une cocotte et faites-y revenir l'oignon pendant 2 mn, en remuant avec une spatule. Ajoutez le chou, mélangez pendant 1 mn, sucrez, salez, poivrez. Arrosez avec le vinaigre et le fond de volaille. Ajoutez le laurier et le clou de girofle. Couvrez et laissez cuire à feu très doux pendant 1 h ; insérez une plaque diffusante entre la source de chaleur et la cocotte si cela est nécessaire.

3. Après 1 h de cuisson, coupez les pommes en quatre, pelez-les et ôtez-en le cœur. Coupez chaque quartier de pomme en deux. Ajoutez les pommes dans la cocotte, posez-les sur le chou, sans mélanger. Laissez cuire pendant encore 30 mn, toujours à feu doux.

4. Lorsque le chou est cuit, mettez-le dans un plat de service, ôtez le laurier et le clou de girofle et servez très chaud.

□ Ce chou rouge aux pommes sera délicieux accompagné d'un saucisson chaud ou de côtes de porc grillées.

Fabonade ;
Tian d'épinards.

mot « tian » n'est pas ...lement le nom de la ...ette, il est aussi — et ...tout — le nom du plat ...s lequel cuit ce gratin ...légumes. C'est un large ...t rectangulaire en terre ...te, peu profond. ...trefois, le tian était cuit ...s le four du boulanger.

Tian d'épinards
Côte d'Azur

Pour 6 personnes
Préparation et cuisson : 1 h

- *2 kg d'épinards*
- *2 gousses d'ail*
- *50 g de parmesan râpé*
- *1 branche de thym*
- *50 g de mie de pain blanc rassise*
- *4 cuil. à soupe d'huile d'olive*
- *sel, poivre*

1. Ôtez la tige des épinards. Lavez les épinards, essorez-les et coupez-les en fines lanières. Pelez les gousses d'ail et écrasez-les d'un coup sec du plat de la main.

2. Allumez le four, thermostat 7 (230°). Faites chauffer 1 cuillerée à soupe d'huile dans une cocotte et faites-y revenir les gousses d'ail, jusqu'à ce qu'elles soient dorées. Retirez-les et mettez les épinards dans la cocotte. Mélangez et laissez cuire les épinards pendant 15 mn, jusqu'à ce qu'ils soient cuits et qu'il n'y ait plus de liquide dans la cocotte.

3. Pendant ce temps, passez la mie de pain à la moulinette électrique afin de la réduire en fine poudre. Mélangez-la au parmesan et poivrez ce mélange. Huilez avec 1 cuillerée à soupe d'huile un grand plat à gratin, en terre si possible. Emiettez le thym.

4. Lorsque les épinards sont cuits, salez-les, ajoutez-y le thym et mélangez. Versez-les dans le plat huilé et lissez la surface à l'aide d'une spatule. Poudrez-les du mélange fromage-pain et arrosez du reste d'huile. Glissez le plat au four. Laissez cuire pendant 30 mn, jusqu'à ce que la surface du plat soit dorée.

5. Servez le tian d'épinards tout chaud dans son plat de cuisson.

☐ Les tians sont une spécialité de la Provence et de la Côte d'Azur. On les prépare avec d'autres légumes :
- Tian aux courgettes : courgettes coupées en lamelles et cuites à l'huile d'olive pendant 30 mn, puis gratinées.
- Tian aux pommes de terre : pommes de terres crues coupées en lamelles, rangées dans un plat à four avec de l'ail et du laurier, arrosées d'huile d'olive et d'eau. Ce tian cuit pendant environ 1 h à four doux.
- Tian aux œufs durs : c'est un tian d'épinards, auquel on ajoute des rondelles d'œufs durs.

Gratin dauphinois
Dauphiné

Pour 6 personnes
Préparation : 25 mn - Cuisson : 1 h 30

- *1 kg de pommes de terre à chair jaune*
- *75 g de beurre*
- *150 g de crème fraîche épaisse*
- *1/2 litre de lait*
- *1 gousse d'ail*
- *noix muscade*
- *poivre*
- *sel*

1. Pelez les pommes de terre, lavez-les et séchez-les dans un torchon. Coupez-les en rondelles aussi fines que possible. Salez-les, poivrez-les et ajoutez-y 6 pincées de noix muscade. Mélangez.

2. Pelez la gousse d'ail et frottez-en tout l'intérieur d'un plat à gratin. Beurrez-le ensuite avec 20 g de beurre.

3. Allumez le four, thermostat 5 (170°). Rangez les pommes de terre par couches dans le plat beurré. Mélangez le lait et la crème. Versez ce mélange sur les pommes de terre : il doit recouvrir les pommes de terre. Si ce n'est pas le cas, ajoutez encore un peu de lait. Parsemez de noisettes de beurre.

4. Glissez le plat au four et laissez cuire pendant 1 h 30.

5. Au bout de ce temps, éteignez le four et allumez le gril du four. Faites gratiner la surface du plat pendant 5 mn près de la source de chaleur.

6. Servez le gratin très chaud dans son plat.

Lentilles à l'auvergnate
Auvergne

Pour 6 personnes
Préparation : 15 mn - Cuisson : 1 h

- *750 g de lentilles*
- *125 g de lard fumé*
- *2 carottes*
- *2 oignons*
- *2 gousses d'ail*
- *25 g de saindoux*
- *1 cuil. à soupe de farine*
- *3 dl de bouillon*
- *2 clous de girofle*
- *1 côte de céleri*
- *1 bouquet garni : 1 feuille de laurier, 1 branche de thym, 6 tiges de persil*
- *sel, poivre*

1. Lavez les lentilles à l'eau fraîche. Eliminez celles qui surnagent, puis égouttez les autres.

2. Pelez les carottes, lavez-les et coupez-les en rondelles. Pelez 1 oignon et piquez-le des clous de girofle. Pelez 1 gousse d'ail et écrasez-la d'un coup sec du plat de la main. Lavez le céleri.

3. Versez 2 litres d'eau dans une marmite, ajoutez le morceau de lard, l'oignon, l'ail, les carottes, le céleri, le bouquet garni et les lentilles. Couvrez, portez à ébulition et laissez cuire à feu doux pendant 45 mn. Salez et poivrez en fin de cuisson.

4. Pendant ce temps, pelez le second oignon et coupez-le en fines rondelles. Pelez la seconde gousse d'ail et hachez-la menu.

5. Faites fondre le saindoux dans une casserole et faites-y blondir l'oignon et l'ail en remuant avec une

spatule. Poudrez de farine et tournez pendant 1 mn. Versez le bouillon peu à peu et laissez cuire 5 mn.

6. Egouttez les lentilles. Prélevez le morceau de lard et coupez-le en dés. Retirez l'ail, le bouquet garni et l'oignon. Ajoutez les lentilles, les carottes et le céleri dans la sauce contenue dans la casserole. Laissez mijoter pendant 10 mn. Rectifiez l'assaisonnement.

7. Mettez les lentilles dans un plat creux et servez.

□ Vous choisirez de préférence des lentilles du Puy, petites et marbrées, de teinte vert sombre.

Truffiat
Berry

Pour 6 personnes
Préparation et cuisson : 2 h

- *1 kg de pommes de terre à chair farineuse*
- *150 g de beurre*
- *200 g de farine*
- *3 œufs + 1 jaune*
- *noix muscade*
- *sel, poivre*

1. Tamisez la farine dans une terrine, faites un puits au centre, ajoutez-y 75 g de beurre et 2 pincées de sel. Travaillez la pâte du bout des doigts, jusqu'à ce qu'elle soit lisse et homogène. Laissez-la reposer pendant 1 h au réfrigérateur.

2. Pendant ce temps, passez les pommes de terre sous l'eau courante en les brossant pour en éliminer la terre. Ne les pelez pas. Mettez-les dans une casserole, couvrez-les d'eau froide, portez à ébullition, salez et laissez cuire pendant environ 25 mn, jusqu'à ce que les pommes de terre soient tendres et que la lame d'un couteau les pénètre facilement.

3. Lorsque les pommes de terre sont cuites, retirez-les de l'eau, rafraîchissez-les sous l'eau courante, pelez-les et passez-les à la moulinette, grille fine. Incorporez-y 70 g de beurre et les œufs entiers. Poivrez et ajoutez 3 pincées de noix muscade.

4. Au bout de 1 h de repos, allumez le four, thermostat 7 (230°). Beurrez un plat allant au four. Retirez la pâte du réfrigérateur, étalez-la au rouleau à pâtisserie et garnissez-en le fond du plat beurré. Etalez dessus la purée en la lissant avec une spatule, puis dessinez des croisillons à la surface avec un couteau pointu.

5. Battez le jaune d'œuf avec 1 cuillerée à soupe d'eau. Etalez cette préparation au pinceau à la surface de la purée. Glissez le plat au four et laissez cuire pendant environ 40 mn, jusqu'à ce que la surface du plat soit dorée et gonflée.

6. Servez le truffiat chaud dans son plat.

□ Ce gâteau de pommes de terre porte aussi le nom de bourre-chrétien. Il peut être préparé différemment : les pommes de terre en purée — mais aussi quelquefois râpées et crues — sont mélangées aux œufs, à la farine et au beurre ; la préparation est ensuite cuite sur la plaque du four.

Desserts et pâtisserie

Les amoureux de la cuisine ne peuvent imaginer un bon repas sans une gourmande conclusion. Gâteaux, mousses, crêpes, beignets, charlottes, tartes... Tout est bon!

L'origine des desserts se perd très loin dans le temps. On trouve, sur les bas-reliefs égyptiens découverts dans la tombe du pharaon Ramsès II, la reproduction de petits gâteaux qui sont sans doute préparés avec de la pâte à pain garnie de fruits et de miel. Les Grecs, six siècles plus tard, font des gâteaux à base de farine, de miel, d'amandes, de graines de sésame et de pavot. En Inde, on utilise, depuis le Vᵉ siècle avant notre ère, le sucre et les fruits. C'est en 327 avant J.C. que les armées d'Alexandre le Grand découvrent les champs de canne à sucre dans la vallée de l'Indus et qu'ils en rapportent, bien sûr, en Occident. Plus tard, ce sont les Croisés qui introduisent en France des épices et des fruits inconnus: cannelle, gingembre, noix muscade, amandes, noisettes... Au XVIᵉ siècle, c'est l'arrivée du chocolat en Espagne, depuis le Mexique. Son usage se répand dans toute l'Europe dès le XVIIᵉ siècle.

Ces divers ingrédients ont peu à peu donné naissance aux desserts exquis que nous connaissons aujourd'hui, et qui remplacent les anciennes préparations trop lourdes comme les quiches à base de viandes, de fruits et de sucre que l'on consommait encore au XVIIᵉ siècle, ou détrônent le simple fruit qui clôturait le repas.

Si vous aimez le sucre et les parfums subtils des gourmandises qui soulignent la fin d'un menu bien équilibré, confectionnez les recettes que nous vous proposons. Ne vous laissez pas effrayer par la longueur des préparations ou l'apparente difficulté; lisez bien les recettes, puis réalisez-les, en suivant l'ordre qui vous est indiqué. Vous serez surpris de la simplicité et de la facilité avec laquelle vous réussirez les desserts de vos rêves!

Crêpes Suzette
Ile-de-France

Pour 6 personnes
Préparation et cuisson: 40 mn

Pour les crêpes:
- 125 g de farine
- 3 œufs
- 2 cuil. à soupe d'huile
- 50 g de beurre fondu
- 1/4 de cuil. à café de sel
- 1 cuil. à soupe de sucre semoule
- 1 sachet de sucre vanillé
- 3,5 dl de lait

Pour le sirop:
- 100 g de beurre mou
- 100 g de sucre semoule
- 1 orange ou 2 mandarines non traitées
- 6 cuil. à soupe de liqueur à l'orange
- 3 cuil. à soupe de cognac

Pour la cuisson:
- 30 g de beurre

1. Préparez la pâte à crêpes: dans le bol d'u mixer, mettez la farine, les œufs, le sel, l'huile, l beurre fondu, le sucre semoule, le sucre vanillé et l lait. Faites marcher l'appareil pendant 1 mn, pu passez la pâte à travers une passoire fine.

2. Faites fondre le beurre prévu pour la cuisso dans une poêle ou une crêpière de 20 cm de dia mètre, puis versez-le dans un bol: il vous servira beurrer la poêle entre la cuisson des crêpes. Verse la pâte avec une petite louche dans la poêle et lais sez cuire la crêpe en remuant la poêle. Retournez-l au bout de quelques secondes de cuisson et laisse la cuire sur l'autre face pendant 10 secondes. Rése

Oreillettes
Provence

Pour 6 personnes
Préparation : 30 mn - Repos : 4 h - Cuisson : 20 mn
- 300 g de farine
- 30 g de beurre mou
- 3 œufs
- 10 g de sucre vanillé
- 3 pincées de sel
- huile pour friture

Pour servir :
- sucre semoule

1. Tamisez la farine sur le plan de travail, creusez un puits au centre, cassez-y les œufs, ajoutez le beurre, le sucre vanillé et le sel. Mélangez du bout des doigts en partant du centre vers l'extérieur, puis écrasez la pâte devant vous avec la paume de la main, jusqu'à ce qu'elle soit souple et se détache des doigts.

2. Roulez la pâte en boule, couvrez-la d'un linge et laissez-la reposer au réfrigérateur pendant 4 h.

3. Au bout de ce temps, étalez la pâte le plus finement possible, sur le plan de travail fariné, à l'aide d'un rouleau à pâtisserie.

4. Faites chauffer une grande quantité d'huile dans une bassine à friture, sans la faire fumer. Découpez la pâte à l'aide d'une roulette cannelée en rectangles de 4 cm × 10 et plongez-les au fur et à mesure dans la bassine. En quelques secondes, les oreillettes sont gonflées et dorées ; retirez-les au fur et à mesure avec une écumoire et posez-les sur du papier absorbant.

5. Lorsque toutes les oreillettes sont cuites, rangez-les sur un plat en les poudrant de sucre au fur et à mesure.

□ Vous pouvez ajouter à la pâte 1 cuillerée à soupe d'eau de fleur d'oranger et de la vanille en poudre au sucre dont vous poudrerez les oreillettes.

---

rez les crêpes sur une grande assiette plate.

3. 10 mn avant de servir, coupez le beurre prévu pour le sirop en petits morceaux et mettez-les dans la poêle qui a servi à la cuisson des crêpes ; ajoutez-le sucre, 2 cuillerées à soupe de liqueur et cuillerée à soupe de cognac. Râpez finement le reste du ou des fruits choisis sur une râpe à épices au-dessus de la poêle. Pressez le ou les fruits et ajoutez le jus dans la poêle. Posez la poêle sur feu vif et faites bouillir le tout pendant 1 mn : vous obtenez un sirop épais ; baissez le feu pour avoir un léger frémissement.

4. Passez les crêpes une par une dans le sirop parfumé, pliez-les en quatre et posez-les au fur et à mesure sur un grand plat tenu au chaud, posé sur une marmite d'eau bouillante, par exemple. S'il vous reste du sirop, arrosez-en les crêpes.

5. Faites chauffer la liqueur et le cognac restants dans une petite casserole. Portez à table les crêpes et le mélange d'alcool très chaud. Posez le plat sur la table. Enflammez le contenu de la casserole et versez-le, flambant, sur les crêpes. Lorsque la flamme s'est éteinte, servez.

□ L'origine des « crêpes Suzette » est mal connue. Selon Léon Daudet (dans « Paris vécu » 1929), elles se préparaient à Paris, au restaurant Maire : « La spécialité de la maison était alors — en 1898 — la crêpe dite Suzette, à la confiture, à laquelle on incorporait une vieille eau-de-vie... » Pourtant Henri Charpentier en revendique la paternité ; il les aurait inventées en 1896, pour le prince de Galles, venu dîner au « Café de Paris » avec une certaine... Suzette ! Et la recette d'Henri Charpentier est celle qui nous est restée aujourd'hui.

Crêpes Suzette.

Guenilles
Auvergne

Pour 6 personnes
Préparation : 30 mn - Repos : 6 h - Cuisson : 20 mn
- 250 g de farine
- 75 g de sucre semoule
- 75 g de beurre mou
- 1 gros œuf
- 3 pincées de sel
- huile pour friture

Pour servir :
- sucre glace

1. Tamisez la farine sur le plan de travail, creusez un puits au centre, cassez-y l'œuf, ajoutez le sucre, le beurre et le sel. Mélangez le tout du bout des doigts jusqu'à ce que vous obteniez une pâte lisse et homogène. Travaillez-la pendant quelques minutes en l'écrasant devant vous avec la paume de la main, jusqu'à ce qu'elle se détache des doigts.

2. Roulez la pâte en boule, couvrez-la d'un linge et laissez-la reposer au réfrigérateur pendant 6 h.

3. Au bout de ce temps, étalez finement la pâte au rouleau à pâtisserie et, à l'aide d'emporte-pièces, découpez-y des formes différentes.

4. Faites chauffer l'huile dans une bassine à friture. Dès qu'elle est chaude, plongez-y les guenilles. Laissez-les cuire jusqu'à ce qu'elles soient dorées des deux côtés. Retirez-les à l'aide d'une écumoire et égouttez-les sur du papier absorbant.

5. Lorsque toutes les guenilles sont cuites, rangez-les sur un plat et poudrez-les de sucre glace.

Crème caramel

Ile-de-France

Pour 8 personnes
Préparation : 15 mn - Cuisson : de 45 mn à 1 h
Refroidissement : 6 h

- 1 litre de lait
- 8 œufs
- 200 g de sucre
- 1 gousse de vanille
- 1 cuil. à café de jus de citron

1. Allumez le four, thermostat 5 (170°). Fendez la gousse de vanille en deux, mettez-la dans une casserole avec le lait, portez à ébullition, puis éteignez le feu et laissez infuser à couvert.

2. Préparez un caramel : mettez 100 g de sucre dans une petite casserole avec 2 cuillerées à soupe d'eau et le jus de citron. Posez la casserole sur feu moyen et, lorsque vous obtenez une belle couleur d'ambre, éteignez le feu. Versez ce caramel dans un moule cannelé d'une contenance de 2 litres ou dans un moule à charlotte, à manqué ou à soufflé ou encore dans des moules à soufflé individuels. Tournez le moule entre vos mains pour que le caramel en tapisse le fond et le tour.

3. Cassez les œufs dans une terrine, ajoutez-y le reste du sucre, battez au fouet pour obtenir un mélange homogène, puis versez-y le lait sans la vanille. Continuez de battre et versez ce mélange dans le moule caramélisé à travers une passoire fine. Placez le moule dans un bain-marie et glissez au four. Laissez cuire de 45 mn à 1 h selon la forme du moule, jusqu'à ce que la crème soit prise et qu'une lame de couteau enfoncée en son centre en ressorte propre.

4. Lorsque la crème est cuite, retirez-la du four, laissez-la refroidir, puis attendez 4 h au moins avant de la démouler en la renversant sur un plat de service creux. Si vous voulez la servir très froide, laissez-la au réfrigérateur pendant quelques heures. Pour la démouler plus facilement, trempez le moule dans de l'eau chaude pendant 30 secondes.

☐ Cette recette, sans caramel, est celle des « œufs au lait ».

Vous pouvez servir la crème telle quelle ou l'arroser d'un caramel liquide, préparé avec 150 g de sucre et allongé de 1 dl d'eau.

Si vous voulez une crème plus onctueuse, diminuez la quantité de blancs d'œufs et remplacez-les par des jaunes, en tenant compte du fait que 4 blancs d'œufs au moins sont nécessaires pour que la crème soit assez solide pour se démouler. Vous préparerez donc la crème la plus fine avec 4 œufs entiers et 8 jaunes.

Vous pouvez faire infuser dans le lait, en même temps que la vanille, un zeste d'orange ou de citron.

Vous pouvez aussi supprimer le caramel et préparer une crème renversée au chocolat en ajoutant au lait 50 g de cacao pur ; ou au café en y ajoutant 2 cuillerées à soupe de café soluble. Dans les deux cas, augmentez la quantité de sucre de 50 g.

Le caramel servant à chemiser le moule peut aussi remplacer le sucre dans la crème ; il suffit, quand vous avez obtenu la couleur caramel, de verser ce sirop dans le lait bouillant, de bien mélanger pour délayer le caramel, puis de verser le lait au caramel chaud (mais non bouillant, car il risquerait de cuire les œufs) sur les œufs battus en omelette. Dans ce cas, beurrez soigneusement le moule de cuisson.

Clafoutis

Limousin - Auvergne

Pour 6 personnes
Préparation : 15 mn - Cuisson : 40 mn

- 750 g de cerises mûres et noires de préférence
- 75 g de beurre mou
- 125 g de sucre semoule
- 2 œufs + 1 jaune
- 2,5 dl de lait
- 75 g de farine
- 1 paquet de sucre vanillé
- 1 pincée de sel

1. Allumez le four, thermostat 6 (200°). Lavez les cerises, égouttez-les, équeutez-les, ne les dénoyautez pas (la tradition le veut ainsi).

2. Avec une noix de beurre, prélevée sur la quantité indiquée, beurrez un plat à four ou un moule en porcelaine à feu ou en terre vernissée, pouvant juste contenir les cerises rangées en une seule couche.

3. Après avoir beurré le moule, rangez-y les cerises, puis préparez la pâte : mettez les œufs entiers et le jaune dans une terrine, ajoutez le sucre en pluie et la pincée de sel et travaillez le mélange jusqu'à ce qu'il blanchisse.

4. Faites fondre le reste du beurre sur feu doux, ajoutez-le dans la terrine, mélangez, puis ajoutez la farine en pluie et le lait ; travaillez la pâte jusqu'à ce qu'elle soit lisse et homogène, puis versez-la sur les cerises. Faites cuire au four pendant 40 mn.

5. A la sortie du four, laissez tiédir le clafoutis, puis saupoudrez-le de sucre vanillé et servez-le tiède dans son plat de cuisson.

☐ Vous pouvez parfumer ce clafoutis de cognac ou de rhum.

La région d'origine du « clafoutis » n'est pas vraiment connue, mais l'Auvergne et le Limousin en réclament la paternité.

Crémets d'Angers

Anjou

Pour 2 personnes
Préparation : 10 mn - Réfrigération : 1 h

- 125 g de crème fraîche
- 1 blanc d'œuf
- 1 pincée de sel
- Pour servir :
- crème fraîche liquide
- sucre

1. Fouettez la crème fraîche jusqu'à ce qu'elle forme des pics entre les branches du fouet. Mettez le blanc d'œuf dans une terrine, ajoutez-y le sel et battez-le en neige ferme.

2. Incorporez le blanc d'œuf à la crème fouettée. Versez la préparation dans 2 moules à fromage — en forme de cœur ou ronds et percés de trous dans le fond — tapissés de mousseline. Posez-les sur une assiette et laissez reposer 1 h au réfrigérateur.

3. Au bout de temps, renversez les crémets sur deux assiettes, ôtez les moules et la mousseline et servez les crémets avec du sucre et de la crème.

☐ Les crémets d'Angers ne doivent pas être confondus avec les crémets d'Anjou qui sont des fromages fabriqués avec du lait de chèvre.

Crème caramel ;
Crème champenoise.

Crème champenoise

Champagne

Pour 4 personnes
Préparation et cuisson : 30 mn - Réfrigération : 3 h

- *3,5 dl de vin blanc de Champagne*
- *20 morceaux de sucre*
- *5 œufs*
- *1 citron non traité*
- *1 pincée de sel*

1. Lavez le citron et essuyez-le. Frottez 15 morceaux de sucre sur le zeste du citron. Mettez ces morceaux de sucre dans une casserole, ajoutez-y le vin blanc et laissez fondre le sucre sur feu très doux.

2. Cassez les œufs en séparant les blancs des jaunes. Mettez les blancs dans un saladier et poudrez-les de sel. Mettez les jaunes dans une seconde casserole, battez-les au fouet à main jusqu'à ce qu'ils moussent, puis versez-y le vin sucré. Posez la casserole dans un bain-marie et faites cuire en battant au fouet à main, jusqu'à ce que le mélange épaississe et nappe une cuillère. Retirez du feu et continuez de battre pendant 1 mn.

3. Battez les blancs d'œufs en neige ferme et incorporez-les délicatement à la préparation contenue dans la casserole, en soulevant le mélange avec une spatule.

4. Mettez la crème dans une jatte et laissez-la pendant 3 h au réfrigérateur.

5. Servez la crème champenoise bien fraîche.

□ Dégustez éventuellement cette crème avec des biscuits à champagne.

Tarte à la semoule

Bourgogne

Pour 6 personnes
Préparation et cuisson : 1 h 30

- *200 g de pâte brisée (p. 18)*
- *125 g de semoule de blé dur fine*
- *1/2 litre de lait*
- *75 g de sucre*
- *2 œufs*
- *15 g de beurre*

1. Faites bouillir le lait et versez-y la semoule en pluie. Laissez cuire à feu modéré pendant 5 mn en remuant. Ajoutez alors le sucre, mélangez et laissez tiédir.

2. Allumez le four, thermostat 7 (230°). Beurrez une tourtière de 26 cm de diamètre et garnissez-la de pâte. Cassez les œufs en séparant les blancs des jaunes. Battez les jaunes à la fourchette. Battez les blancs en neige pas trop ferme.

3. Incorporez les jaunes à la semoule, puis les blancs, en soulevant la préparation. Versez la semoule dans la tourtière. Glissez au four et laissez cuire pendant 40 mn environ, jusqu'à ce que le dessus soit bien doré.

4. Lorsque la tarte est cuite, laissez-la reposer 20 mn avant de servir.

□ Cette tarte bourguignonne, qui porte là-bas le nom de «tarte à la semouille», peut se déguster avec des confitures. La tarte est quelquefois recouverte de lanières de pâte posées en croisillons.

Charlotte aux framboises

Champagne

Pour 6 personnes
Préparation et cuisson : 45 mn - Réfrigération : 3 h

- 500 g de framboises
- 24 biscuits à la cuiller
- 4 feuilles de gélatine
- 2,5 dl de crème fleurette très froide
- 2,5 dl de lait
- 125 g de sucre
- 4 jaunes d'œufs
- 6 cuil. à soupe de kirsch
- 1 sachet de sucre vanillé

Pour servir :
- framboises
- crème anglaise (p. 16)
- chantilly

1. Faites tremper la gélatine dans une terrine d'eau froide. Versez le lait dans une casserole et portez à ébullition.

2. Fouettez les jaunes d'œufs et le sucre dans une casserole jusqu'à ce que le mélange blanchisse, puis versez-y le lait bouillant en un mince filet en remuant avec une spatule. Laissez cuire cette crème anglaise jusqu'à ce qu'elle nappe la spatule. Egouttez alors la gélatine et ajoutez-la à la crème. Retirez la casserole du feu. Passez la crème dans une passoire et laissez-la refroidir.

3. Battez la crème en chantilly en y incorporant le sucre vanillé. Lorsque la crème anglaise est bien froide, incorporez-y la chantilly, 2 cuillerées à soupe de kirsch et les framboises.

4. Mettez le reste du kirsch dans une assiette creuse avec 6 cuillerées à soupe d'eau et trempez-y les biscuits, l'un après l'autre. Tapissez le fond et les parois d'un moule à charlotte de 18 cm de diamètre de biscuits, puis versez-y la préparation aux framboises. Recouvrez de biscuits et mettez au réfrigérateur. Laissez refroidir pendant 3 h au moins.

5. Au moment de servir, retournez la charlotte sur un plat de service, décorez-la de framboises. Posez un cordon de crème Chantilly à l'aide d'une poche munie d'une douille cannelée, puis servez avec une crème anglaise bien froide.

☐ La charlotte est un entremets froid composé d'une enveloppe de biscuits à la cuiller, de meringues, de macarons, de langues de chat ou encore de tranches de biscuit (biscuit de Savoie par exemple) trempés dans un mélange d'alcool et d'eau et d'une mousse ou d'une crème, additionnée de gélatine afin de la rendre plus solide et de permettre un démoulage facile. L'origine de ce délicieux dessert serait un gâteau composé de compote de pommes cuite au four dans un moule rond garni de tranches de pain grillé beurré. Ce gâteau était ensuite démoulé, puis refroidi avant d'être servi avec une crème anglaise ou de la sauce à l'abricot.

Soufflé glacé aux mirabelles

Lorraine

Pour 6 personnes
Préparation et cuisson : 35 mn - Réfrigération : 6 h
- 500 g de mirabelles
- 200 g de sucre
- 3 dl de crème fleurette très froide
- 4 blancs d'œufs
- 1 cuil. à café d'huile d'arachide
- 1 pincée de sel

1. Mettez le sucre dans une petite casserole, ajoutez-y 4 cuillerées à soupe d'eau, posez la casserole sur feu doux et laissez cuire jusqu'à ce que des petites perles rondes se forment à la surface.

2. Mettez les blancs d'œufs dans un saladier avec 1 pincée de sel et battez-les en neige très ferme. Versez-y le sirop en un mince filet, sans cesser de fouetter jusqu'à ce que les blancs soient froids.

3. Dénoyautez les mirabelles et passez-les au moulin à légumes, grille fine. Fouettez la crème jusqu'à ce qu'elle double de volume; incorporez-y la purée de mirabelles, puis les blancs d'œufs.

4. Huilez le fond et la paroi d'un grand moule à soufflé, puis entourez l'extérieur du moule d'une bande de papier sulfurisé dépassant du moule d'au moins 5 cm. Maintenez-le avec du ruban adhésif. Huilez également l'intérieur du papier.

5. Versez la préparation dans le moule, lissez-en la surface et mettez le moule au freezer. Laissez refroidir pendant 6 h au moins.

6. Au moment de servir, retirez la collerette de papier.

□ Vous pouvez décorer la surface du soufflé de chantilly ou de poudre d'amandes.

Charlotte aux framboises; Soufflé glacé aux mirabelles.

Gaufres

Artois - Picardie

Pour 4 personnes
Préparation et cuisson : 30 mn
- 125 g de farine
- 125 g de sucre
- 200 g de crème fraîche épaisse
- 4 œufs
- 1 citron non traité
- 1 cuil. à soupe de rhum
Pour la cuisson :
- 25 g de beurre

1. Lavez le citron, essuyez-le et râpez-en le zeste au-dessus d'une terrine. Cassez-y les œufs, ajoutez la crème et battez au fouet à main en incorporant le sucre, puis la farine, en la tamisant. Ajoutez le rhum.

2. Faites chauffer un gaufrier, beurrez-le légèrement — vous devez renouveler cette opération avant la cuisson de chaque gaufre — et versez-y une louche de pâte : elle doit remplir toutes les cavités. Fermez le gaufrier, laissez cuire 2 à 3 mn. Ouvrez le gaufrier et détachez la gaufre. Posez-la sur une grille et laissez-la durcir pendant quelques secondes. Continuez jusqu'à épuisement de la pâte.

3. Dégustez les gaufres chaudes.

□ Servez les gaufres poudrées de sucre glace, de cassonade ou présentez-les avec différentes confitures ou encore de la crème fouettée...

Gâteau basque

Pays basque

Pour 8 personnes
Préparation : 30 mn - Repos : 1 h - Cuisson : 40 mn

Pour la pâte :
- 2 œufs
- 170 g de sucre
- 140 g de beurre
- 280 g de farine
- 1/2 sachet de levure alsacienne
- 2 cuil. à soupe d'armagnac
- 2 pincées de vanille en poudre
- 2 pincées de sel

Pour la crème :
- 2,5 dl de lait
- 3 jaunes d'œufs
- 90 g de sucre en poudre
- 30 g de farine
- 2 gouttes d'essence d'amandes amères
- 1 cuil. à soupe d'armagnac

Pour dorer :
- 1 jaune d'œuf
- 1 cuil. à café de lait

Pour le moule :
- 1 noix de beurre

1. Préparez la pâte : faites fondre le beurre à feu très doux, dans une petite casserole, puis laissez-le refroidir. Cassez les œufs dans une terrine, ajoutez-y le sucre, mélangez à la spatule, puis ajoutez le beurre, la vanille et l'armagnac, mélangez encore. Versez-y la farine en pluie en la tamisant avec la levure et le sel. Incorporez ces éléments à la pâte en travaillant à la spatule. Couvrez la terrine, mettez-la au réfrigérateur et laissez reposer la pâte pendant 1 h au moins.

2. Pendant ce temps, préparez la crème : faites bouillir le lait dans une petite casserole. Dans une autre casserole, travaillez les jaunes d'œufs et le sucre avec une spatule ou un fouet, jusqu'à ce que le mélange blanchisse, puis ajoutez la farine en pluie, mélangez et délayez avec le lait bouillant, sans cesser de fouetter.

3. Posez la casserole sur feu doux et faites cuire la crème jusqu'au premier bouillon en la fouettant toujours. Retirez-la du feu, ajoutez-y l'essence d'amandes et l'armagnac, puis laissez-la refroidir en remuant souvent. Si vous devez l'utiliser le lendemain, mettez-la dans une terrine et réservez-la au réfrigérateur.

4. Allumez le four, thermostat 6 (200°). Beurrez un moule à manqué de 24 cm de diamètre. Divisez la pâte en deux parties, l'une un peu plus grosse que l'autre. Roulez la plus grosse en boule, farinez le plan de travail et aplatissez la boule au rouleau en un cercle de 28 cm de diamètre et d'à peine 1 cm d'épaisseur. Garnissez-en le moule (délicatement car la pâte est fragile) et plaquez-la contre les bords.

5. Répartissez la crème sur la pâte. Rabattez les bords de la pâte sur la crème sans appuyer, puis mouillez-les avec vos doigts trempés dans de l'eau. Aplatissez le reste de la pâte en un disque de 26 cm de diamètre et couvrez-en le gâteau. Faites glisser les bords à l'intérieur du moule.

6. Battez le jaune d'œuf avec le lait. Badigeonnez-en la surface du gâteau avec un pinceau. Dessinez des croisillons avec la pointe d'un petit couteau. Glissez le moule au four et laissez cuire 40 mn.

7. Au bout de ce temps, retirez le moule du four, laissez refroidir le gâteau dans son moule, puis démoulez-le et laissez-le reposer pendant 2 h.

□ Ce délicieux gâteau appelé aussi « galette basque » se conserve 48 h dans un endroit frais.

Vous pouvez remplacer l'essence d'amandes par du zeste de citron.

Quelquefois, la garniture du gâteau est un mélange de cerises noires et de confiture de cerises ou simplement une couche de confiture à la place de la crème pâtissière classique.

Tarte aux pommes à l'alsacienne

Alsace

Pour 8 personnes
Préparation et cuisson : 45 mn

- 350 g de pâte brisée (p. 18)
- 20 g de beurre

Pour la garniture :
- 1 kg de pommes golden ou reinette
- 1 citron
- 100 g de sucre
- 1,5 dl de lait
- 200 g de crème fraîche épaisse
- 3 œufs

1. Allumez le four, thermostat 7 (230°). Pressez le citron et mettez le jus dans un saladier. Coupez les pommes en quatre, pelez-les et coupez-les en lamelles de 1 cm d'épaisseur. Mettez-les au fur et à mesure dans le saladier et enrobez-les de jus de citron, pour éviter qu'elles ne noircissent.

2. Beurrez un moule à tarte de 30 cm de diamètre. Etalez la pâte au rouleau et garnissez-en le moule. Disposez les lamelles de pomme sur la pâte, sans appuyer, en rosace, en partant de l'extérieur et en les faisant se chevaucher légèrement.

3. Glissez le moule au four et laissez cuire pendant 10 mn.

4. Pendant ce temps, cassez les œufs dans une terrine, ajoutez-y le sucre, battez au fouet et incorporez le lait et la crème. Fouettez l'ensemble.

5. Lorsque les pommes ont cuit 10 mn, retirez la tarte du four et versez-y le contenu de la terrine. Glissez la tarte au four et laissez-la cuire pendant encore 30 mn.

6. Lorsque la tarte est cuite, retirez-la du four, laissez-la reposer pendant 20 mn, puis démoulez et servez sans attendre.

□ On peut préparer de la même façon des poires, des quetsches et des mirabelles.

Les tartes, salées ou sucrées, sont très répandues en Alsace. La tarte aux pommes est sans doute la plus connue, mais il faut aussi citer la tarte aux myrtilles des Vosges et la tarte aux quetsches.

Douillons
Normandie

Pour 4 personnes
Préparation : 20 mn - Cuisson : 25 mn

500 g de pâte brisée	● *25 g de beurre mou*
(p. 18)	● *1 cuil. à café de*
● *4 pommes reinette*	*cannelle en poudre*
ou reine des reinettes	● *4 cuil. à soupe*
50 g de sucre	*de jus de citron*
semoule	*Pour la cuisson :*
● *1 œuf*	● *10 g de beurre*

1. Allumez le four, thermostat 7 (230°). Mélangez beurre et sucre à la fourchette et ajoutez-y la cannelle. Etalez la pâte au rouleau à pâtisserie et coupez-la en 4 carrés égaux.

2. Pelez les pommes et évidez-les à l'aide d'un vide-pomme. Passez-les dans le jus de citron, puis posez chaque pomme sur un carré de pâte. Garnissez le centre des pommes de la préparation à la cannelle. Humidifiez les bords du carré de pâte et remontez-les tout autour de la pomme ; soudez la pâte en pinçant avec les doigts. Décorez le dessus des douillons avec les chutes de pâte.

3. Beurrez la plaque du four et posez-y les douillons. Battez l'œuf avec 1 cuillerée à soupe d'eau et badigeonnez les douillons de ce mélange.

4. Glissez la plaque au four et laissez cuire pendant 25 mn environ, jusqu'à ce que les douillons soient bien dorés.

5. Lorsque les douillons sont cuits, retirez-les à l'aide d'une spatule à fentes et déposez-les sur une grille à pâtisserie. Laissez-les reposer pendant 10 mn, puis servez.

□ L'appellation « douillon » est normande, mais elle devient « bourdelot » à la lisière de la Picardie. Pourtant le mot « douillon » subsiste lorsque les pommes sont remplacées par des poires.

Tarte aux pommes à l'alsacienne ; Douillons.

Kuign aman

Bretagne

Pour 8 personnes
Préparation : 25 mn - Repos : 3 h 30
Cuisson : 35 mn

- 250 g de farine
- 10 g de levure de boulanger
- 200 g de beurre salé
- 200 g de sucre
- 3 pincées de sel

1. 3 h avant de faire cuire le gâteau, préparez la pâte : délayez la levure dans 4 cuillerées à soupe d'eau tiède. Tamisez la farine et le sel au-dessus d'une terrine. Creusez un puits au centre, ajoutez-y la levure et travaillez le tout du bout des doigts et en mouillant au fur et à mesure avec 1 dl d'eau tiède, jusqu'à ce que vous obteniez une pâte homogène. Travaillez-la pendant 10 mn, en la soulevant d'une main et en l'écrasant sur le plan de travail. Couvrez la terrine d'un torchon et laissez la pâte lever dans un endroit tiède, pendant 3 h environ, jusqu'à ce qu'elle ait triplé de volume.

2. Au bout de ce temps, tapotez la pâte pour lui redonner son volume initial et roulez-la en boule sur le plan de travail. Mettez le beurre dans une terrine et travaillez-le à la spatule jusqu'à ce qu'il ait la même consistance que la pâte.

3. Etalez la pâte en un carré de 1 cm d'épaisseur et tartinez-la de beurre — moins 2 noix — jusqu'à 2 cm des bords. Poudrez le beurre de sucre — moins 2 cuillerées à soupe. Pliez la pâte en trois dans un sens, puis encore en trois dans l'autre sens. Aplatissez la pâte au rouleau à pâtisserie, le plus finement possible, sans faire échapper ni le beurre ni le sucre. Repliez la pâte comme précédemment.

4. Beurrez un moule à manqué de 26 cm de diamètre avec le beurre réservé. Mettez le carré de pâte dans le moule et aplatissez-le avec vos doigts jusqu'à ce qu'il épouse la forme du moule. Laissez reposer pendant 30 mn.

5. Au bout de 20 mn de repos de la pâte, allumez le four, thermostat 8 (250°). 10 mn plus tard, glissez-y le moule. Laissez cuire le gâteau pendant 35 mn en l'arrosant de temps en temps du beurre qui remonte à la surface.

6. Lorsque le gâteau est cuit et bien doré, sortez-le du four et poudrez-le du reste du sucre. Laissez tiédir pendant 15 mn avant de servir.

☐ Le « kuign aman » — petit pain au beurre — est une spécialité de la région de Douarnenez.

Tarte Tatin

Orléanais

Pour 6 personnes
Préparation et cuisson : 1 h 10 environ

- 1,5 kg de pommes : reine des reinettes, canada, boskoop ou golden pas trop grosses
- 100 g de beurre mou
- 120 g de sucre en poudre
- 200 g de pâte brisée (p. 18)

1. Etalez les deux tiers du beurre au fond d'un moule à manqué de 24 cm de diamètre. Poudrez cette couche de beurre avec les deux tiers du sucre. Pelez les pommes, coupez-les en deux, ôtez-en le cœur et les pépins et rangez-les dans le moule sucré

Beignets de fromage blanc ; Pithiviers.

et beurré verticalement, bien serrées : les pommes dépassent le bord du moule, mais elles vont s'affaisser en cuisant. Poudrez-les du reste du sucre et parsemez-les du reste du beurre en noisettes.

2. Posez le moule sur feu moyen, pendant 20 mn, jusqu'à l'apparition d'un caramel blond. Au bout de 10 mn de cuisson des pommes, allumez le four, thermostat 7 (230°).

3. Lorsque les pommes ont cuit 20 mn sur le feu, mettez le moule dans le four et laissez-le 5 mn : les pommes cuiront aussi sur le dessus et s'affaisseront. Sortez ensuite le moule du four.

4. Abaissez la pâte au rouleau sur une épaisseur de 3 mm. Posez-la sur le moule, en la faisant dépasser à l'extérieur, puis passez le rouleau sur le moule pour couper la pâte : la pâte s'affaisse d'elle-même et glisse le long des bords du moule.

5. Remettez le moule au four et laissez cuire pendant 20 mn, jusqu'à ce que la pâte soit bien dorée. Retirez du four, renversez la tarte sur un plat et laissez-la tiédir un peu avant de la servir.

☐ A Lamotte-Beuvron, en Sologne, les sœurs Tatin créèrent, au début du siècle, cette tarte connue aujourd'hui dans toute la France.

Pithiviers
Orléanais

Pour 8 personnes
Préparation : 30 mn - Cuisson : 35 mn

- 600 g de pâte feuilletée (p. 19)
Pour la crème d'amandes :
- 150 g d'amandes en poudre
- 2 petits œufs
- 150 g de beurre
- 150 g de sucre glace
- 2 cuil. à soupe de rhum
Pour dorer :
- 1 œuf
- 2 cuil. à soupe de sucre glace

1. Préparez la crème d'amandes : coupez le beurre en petits morceaux, mettez-les dans une terrine, travaillez-le à la fourchette jusqu'à ce qu'il soit réduit en pommade. Mélangez les amandes et le sucre dans une autre terrine, cassez-y les œufs, mélangez : ajoutez-y le rhum et le beurre en pommade et mélangez encore.

2. Allumez le four, thermostat 7 (230°). Coupez la pâte feuilletée en deux parties, l'une légèrement plus grosse que l'autre. Abaissez la plus grosse, si possible en un cercle de 30 cm de diamètre, sur 3 mm d'épaisseur. Mouillez la plaque du four et posez-y le cercle de pâte. Si le cercle n'est pas parfait, renversez un moule à tarte, à bord lisse, sur la pâte et coupez tout autour en tenant le couteau droit le long du moule pour ne pas écraser la pâte.

3. Etalez la crème d'amandes sur la première abaisse de pâte, jusqu'à 1,5 cm du bord, et mouillez ces derniers avec de l'eau.

4. Etalez le reste de la pâte en un disque de même dimension, mais plus fin, et posez-le sur la crème d'amandes, le côté lisse — celui qui était en contact avec le plan de travail — vers le haut. Egalisez le tour avec un couteau, sans écraser la pâte. Incisez le bord du gâteau de petits coups de couteau espacés de 1 cm.

5. Battez l'œuf en omelette et badigeonnez-en la surface du gâteau, en prenant soin de ne pas le faire couler sur les bords, car cela empêcherait la pâte feuilletée de se développer pendant la cuisson. Avec la pointe d'un couteau, et en n'incisant la pâte que superficiellement, dessinez des arcs de cercle rayonnant vers le centre.

6. Mettez le gâteau au four et laissez-le cuire pendant 30 mn. Au bout de ce temps, il doit être doré et bien gonflé. Retirez-le du four, poudrez-le de sucre glace et remettez-le au four 5 mn.

7. Servez le pithiviers tiède.

□ Ce merveilleux gâteau peut être aussi une galette des rois. Il suffit de placer une « fève » dans la crème d'amandes. Vous pouvez ne pas le dorer à l'œuf, mais simplement le poudrer de sucre glace après y avoir dessiné des croisillons. En cuisant, le sucre glace fond et caramélise légèrement.

Beignets de fromage blanc
Champagne

Pour 6 personnes
Repos : 1 h - Préparation et cuisson : 30 mn

- 500 g de fromage blanc bien égoutté
- 1 sachet de sucre vanillé
- 3 œufs
- 100 g de farine
- huile pour friture
- sucre semoule

1. Passez le fromage au tamis, incorporez-y les œufs, le sucre vanillé, puis la farine en la tamisant. Travaillez la préparation à la spatule jusqu'à ce qu'elle soit lisse et homogène. Laissez reposer pendant 1 h au réfrigérateur.

2. Au bout de ce temps, faites chauffer l'huile dans une bassine à friture. Façonnez des boulettes de pâte de la taille d'une noix et plongez-les dans l'huile chaude. Lorsque les beignets sont gonflés et dorés et remontent à la surface, égouttez-les avec une écumoire et posez-les sur du papier absorbant.

3. Posez les beignets sur un plat de service, poudrez-les de sucre et servez aussitôt.

Glossaire

Abaisser: étaler une pâte (sablée, brisée ou feuilletée) au rouleau à pâtisserie sur l'épaisseur désirée. La pâte étalée est appelée abaisse.

Arroser: verser un liquide ou une matière grasse (huile, saindoux ou beurre fondus) sur un aliment cuisant au four — viande ou volaille par exemple. Cette opération a pour but d'empêcher le dessèchement.

Bain-marie: méthode qui consiste à cuire ou à réchauffer un plat délicat qui ne supporte pas la chaleur directe (sauces en particulier); elle est aussi parfaite pour faire fondre le chocolat. Pour cuire au bain-marie, placer la casserole contenant la préparation dans une seconde casserole plus grande remplie aux trois quarts d'eau frémissante.

Barder: envelopper une viande, une volaille ou un gibier de tranches très fines de lard gras afin d'éviter qu'ils se dessèchent pendant la cuisson.

Blanchir: plonger des légumes ou des viandes pendant quelques minutes dans de l'eau bouillante afin d'en éliminer l'amertume ou l'excès de sel.

Brider: maintenir les membres d'une volaille collés au corps à l'aide de fil de cuisine afin d'éviter qu'ils se déforment ou cuisent trop rapidement.

Caraméliser: faire fondre du sucre jusqu'à obtention d'un caramel et en recouvrir l'intérieur d'un moule à gâteau; ou encore, faire réduire le jus de cuisson d'une viande afin de pouvoir le déglacer.

Châtrer: expression utilisée pour les écrevisses. Tirer la nageoire centrale en la tournant pour retirer le petit boyau noir (qui donnerait un goût amer au plat).

Chemiser: garnir un moule de papier sulfurisé ou d'aluminium ménager, avant d'y verser la préparation à cuire. Cette opération est surtout valable en pâtisserie pour la cuisson de certaines pâtes à gâteau.

Ciseler: couper des fines herbes à l'aide d'une paire de ciseaux de cuisine. Pour faciliter cette opération, mettre les fines herbes dans un verre (verre à moutarde), y plonger les ciseaux et les actionner en faisant tourner le verre de l'autre main.

Cuire à l'étouffée: faire cuire longuement à feu très doux et à couvert, viandes ou légumes dans leur jus.

Déglacer: verser un liquide (eau, vinaigre, jus de citron, vin, alcool) dans le jus de cuisson caramélisé d'une viande afin d'obtenir une sauce onctueuse.

Dégorger: faire tremper un aliment pendant un temps précis dans un liquide, afin d'en éliminer certaines impuretés. Le liquide de trempage est le plus souvent de l'eau additionnée de jus de citron ou de vinaigre, de gros sel ou tout simplement de l'eau pure froide. On fait surtout dégorger certains abats, comme les cervelles, les ris, les langues, les tripes. On élimine ainsi en particulier le sang qui s'est amassé dans ces organes. On fait également dégorger certains légumes pour en éliminer l'eau ou l'amertume: aubergines, concombre, tomates. Dans ce cas, les légumes sont poudrés de sel et placés dans une passoire. Il faut ensuite les rincer rapidement sous l'eau froide pour éliminer le sel en excédent.

Dorer: étaler, à l'aide d'un pinceau, du lait ou de l'œuf (jaune seul ou œuf entier, additionné d'eau ou de lait) sur la surface d'une pâte sablée, brisée ou feuilletée avant de la faire cuire. Ou encore, faire revenir une viande, une volaille ou un légume dans une matière grasse jusqu'à ce qu'ils soient dorés.

Ecumer: retirer l'écume qui se forme à la surface d'un liquide à l'aide d'une cuillère à soupe ou d'une écumoire lorsque le liquide arrive à ébullition. Cette opération est nécessaire en particulier pour les longues cuissons (pot-au-feu, blanquette, fricassée, etc.).

Flamber: enflammer une préparation après l'avoir arrosée d'alcool, soit pendant la cuisson, soit au moment de servir (cette solution est surtout valable pour les desserts et les entremets); ou encore passer une volaille ou un gibier à plume (déjà plumés) sur une flamme vive afin d'éliminer tous les petits duvets.

Foncer: garnir un plat à four ou un moule de pâte sablée, brisée ou feuilletée, en prenant soin de bien pousser la pâte avec les doigt dans les cannelures du moule.

Larder: piquer une viande ou une volaille de petits morceaux de lard à l'aide d'une lardoire. Pendant la cuisson, la viande se parfume et ne se dessèche pas.

Macérer: laisser tremper un aliment dans un liquide parfumé afin qu'il en absorbe le parfum. Ce mot est proche de « mariner », mais il s'emploie surtout en pâtisserie et s'utilise notamment pour les fruits, secs ou frais, qui trempent dans de l'alcool ou du sirop.

Marinade: liquide aromatisé dans lequ... on laisse séjourner pendant un temps d... terminé un aliment cru avant de le fai... cuire. Une marinade est le plus souve... composée de vin, de vinaigre ou de jus... citron, additionné ou non d'huile et pa... fumé de fines herbes, d'épices, d'ail...

Mijoter: faire cuire à feu très doux, asse... longuement, à tout petits frémissements...

Napper: arroser un aliment d'une prép... ration onctueuse, comme par exemple... la crème anglaise ou un sirop.

Paner: passer un aliment, avant la cuisso... dans de la farine, de l'œuf, puis de la ch... pelure. Les aliments panés sont toujou... cuits dans de l'huile ou du beurre.

Pétrir: travailler une pâte (feuilletée, br... sée, sablée, à pain) à la main afin de... rendre lisse et homogène et de pouvoir e... faire une boule.

Pocher: faire cuire un aliment dans un l... quide (eau, bouillon, lait, vin) à feu tr... doux et à petits frémissements, sans a... teindre l'ébullition.

Poêler: faire dorer un aliment (viand... poisson, légume) à la poêle, puis le fai... cuire à couvert ou à découvert dans l... même poêle.

Rafraîchir: passer un aliment cuit sou... l'eau courante froide afin d'en arrêter trè... vite la cuisson ou de pouvoir le manipule... plus facilement.

Réduire: diminuer le volume d'un liquid... par évaporation dans un récipient décou... vert. Cette opération a pour but d'épaiss... le liquide et d'en concentrer la saveur.

Revenir: faire blondir ou dorer à feu v... dans un corps gras, chaud, un alimen... viande ou légume en particulier.

Roux: farine cuite dans du beurre chau... pendant un court moment. Le roux do... être blanc ou à peine blond pour ne pa... communiquer un goût de brûlé aux sauce... ou aux mets auxquels il est destiné.

Ruban: on dit d'une pâte à gâteau qu'el... forme un ruban lorsqu'en élevant un... cuillerée de cette pâte au-dessus de la te... rine où la pâte se trouve, il se forme u... long ruban ininterrompu de pâte lisse.

Sauter: faire rapidement dorer et cuire u... aliment dans un corps gras.

Suer: laisser cuire un ingrédient à feu trè... doux et à couvert afin qu'il rende son ea... et parfume la préparation.

Remerciements

Les photographies de cet ouvrage sont de Robert Golden, à l'exception de la page 11 Tessa Traeger, et de la page 15 Paul Williams.
Les plats ont été préparés par Marie Cadogan, Caroline Ellwood et Carole Handslip. Styliste : Antonia Gaunt.
L'éditeur tient à remercier également les sociétés suivantes de lui avoir prêté des accessoires :
Coppershop, 48 Neal St ; Covent Garden Kitchen Supplies, 3 North Row ; The Market, Covent Garden ;
Elizabeth David Ltd, 46 Bourne St ; Divertimenti, 68 Marylebone Lane.
Les recettes de cet ouvrage ont été publiées en 1983
dans l'Encyclopédie de la Cuisine Française.
Secrétariat de rédaction Elisabeth Haniotis 1re édition 1984, Dépôt légal: Octobre 1984.
Édition 1985, Dépôt légal: Septembre 1985. N° éditeur:279.ISBN 2.7318.012.2
Photocomposition : Zoom Compo. Imprimé par Mandarin Publishers Ltd, à Hong Kong.